だれでもカンタン・
すぐに使える
接客中国語 会話
接客フレーズ 300 大特訓

王 丹
Wang Dan

Jリサーチ出版

はじめに

　中国では近年、高い経済成長が続き、その恩恵を受けて富裕層と中間層が急速に拡大しました。そんな人たちが海外旅行に出かけて、その旺盛な消費欲によって各地で爆買いのブームを起こしています。
　来日する外国人観光客の中で一人当たりの消費額は中国人観光客が圧倒的に多くなっています。かつてバブル時代に日本人が海外で高級ブランド品を買い漁った現象とよく似ています。

日本に来たら、
日本人のサービスを受けたい

　中国には、１月下旬から２月上旬にかけての旧正月のあたる「春節(しゅんせつ)」、そして10月１日の建国記念日にあたる「国慶節(こっけいせつ)」という２つの大型連休があります。どちらも１週間から10日間、連続して休みになります。
　この時期を逃すまいと、日本のホテルや飲食店、家電量販店、人気観光地では中国人スタッフを増やし、対応に当たっています。
　それはもちろん必要な措置ではありますが、何から何まで中国人スタッフ任せにするのも考えものです。中国人観光客の中には、せっかく日本に行ったのに日本人と接する機会もなく帰国することになって残念に思っている人もたくさんいるのです。

ピンインとカタカナ付きの
300フレーズ・500語

　本書は、小売店をはじめ、宿泊施設、飲食店、交通機関などでよく使う「接客フレーズ」を300、「必須単語」を500収録したものです。また、両国の文化や習慣、国民性の違いで起こるさまざまなトラブルを事前に回避できるようなフレーズも盛り込んでいます。

　すべてのフレーズ・単語はピンインとカタカナが表記されているので、中国語を学習したことのある人も、ビギナーの人も問題なくお使いいただけるようになっています。

　フレーズはCDにも録音されているので、何度も聞いて、自分でも声に出して言ってみてください。実際に接客をする前に準備練習をしっかりしておきましょう。

　日本を訪れた中国人観光客に、日本の接客は素晴らしかった、日本人のサービスを受けて本当に良かったと思っていただく。そして、そんな中国人にリピーター旅行者になっていただく――本書が少しでもそのお役に立てるなら、著者として嬉しいかぎりです。

著者

CONTENTS

はじめに …………………………………………………………… 2
本書の使い方 ……………………………………………………… 8
CDの使い方 ……………………………………………………… 10

中国人観光客と中国語を知ろう ……………………… 11
これが中国人観光客だ！ ………………………………………… 12
こんなにカンタン！　中国語の文法 …………………………… 16
知っておきたい　接客のキーワード …………………………… 18
数字・月・日・曜日の言い方 …………………………………… 20
ピンインって何？　四声って何？ ……………………………… 21

第1章　接客基本フレーズ …………………… 23

UNIT 1	あいさつ	24
UNIT 2	出迎える	26
UNIT 3	応対する①	28
UNIT 4	応対する②	30
UNIT 5	案内する	32
UNIT 6	中国語でのサービス	34
UNIT 7	話を聞く	36
UNIT 8	お詫びする	38
UNIT 9	勧める	40
UNIT 10	説明する	42
UNIT 11	ディスカウント	44
UNIT 12	包装と配送	46
UNIT 13	お勘定①	48
UNIT 14	お勘定②	50

UNIT 15	アフターサービス	56
UNIT 16	見送る	58
(Column 1)	中国人観光客はこんな特徴がある	60

第2章　小売店フレーズ　61

UNIT 17	衣料品　ブランド・人気	62
UNIT 18	衣料品　勧める	64
UNIT 19	衣料品　色	74
UNIT 20	衣料品　サイズ	78
UNIT 21	衣料品　生地	80
UNIT 22	デジタルカメラ	84
UNIT 23	炊飯器	86
UNIT 24	時計	88
UNIT 25	化粧品①	96
UNIT 26	化粧品②	98
UNIT 27	スーパー・コンビニ	104
UNIT 28	ドラッグストア	110
UNIT 29	お土産	114
(Column 2)	買ってもらうためのセールストーク	118

第3章　飲食店フレーズ　119

UNIT 30	テーブルに案内する	120
UNIT 31	注文をとるまで	122
UNIT 32	料理を勧める	124
UNIT 33	サーブする	126
UNIT 34	お寿司	130
UNIT 35	日本の食堂	134
UNIT 36	ファストフード	138

UNIT 37　居酒屋 …………………………………………… 142
(Column 3) 日本料理についてのアドバイス ………………… 146

第4章　ホテル・旅館フレーズ …………… 147

UNIT 38　チェックイン ……………………………………… 148
UNIT 39　部屋の要望 ………………………………………… 150
UNIT 40　宿泊料金 …………………………………………… 152
UNIT 41　時間と部屋番号 …………………………………… 154
UNIT 42　朝食 ………………………………………………… 160
UNIT 43　設備を説明する …………………………………… 162
UNIT 44　温泉旅館 …………………………………………… 166
UNIT 45　温泉の効能 ………………………………………… 168
UNIT 46　温泉旅館の食事 …………………………………… 170
(Column 4) 温泉の入り方のアドバイス ……………………… 172

第5章　交通機関・旅行会社フレーズ ………… 173

UNIT 47　電車 ………………………………………………… 174
UNIT 48　切符と運賃 ………………………………………… 176
UNIT 49　バス ………………………………………………… 178
UNIT 50　タクシー① ………………………………………… 184
UNIT 51　タクシー② ………………………………………… 186
UNIT 52　飛行機 ……………………………………………… 188
UNIT 53　観光案内窓口 ……………………………………… 192
UNIT 54　ツアー①基本 ……………………………………… 194
UNIT 55　ツアー②東京・富士 ……………………………… 196
UNIT 56　ツアー③温泉 ……………………………………… 198
(Column 5) トイレの使用についてのアドバイス …………… 208

第6章 緊急・トラブルフレーズ ……………… 209

- UNIT 57　具合を聞く ……………………………… 210
- UNIT 58　救護する ………………………………… 212
- UNIT 59　トラブル ………………………………… 214
- UNIT 60　地震 ……………………………………… 216

フレーズ日本語逆引き INDEX ……………………………… 221
ワード日本語逆引き INDEX ………………………………… 230

ワードバンク

1 会計① …………………… 52	2 会計② …………………… 54
3 衣料品① ………………… 66	4 衣料品② ………………… 68
5 衣料品ブランド ………… 70	6 革製品・宝飾品ブランド … 72
7 色の単語 ………………… 76	8 サイズ・素材 …………… 82
9 家電・時計① …………… 90	10 家電・時計② …………… 92
11 家電ブランド …………… 94	12 化粧品① ………………… 100
13 化粧品② ………………… 102	14 コンビニ商品 …………… 106
15 フルーツ ………………… 108	16 ドラッグストア商品 …… 112
17 お土産物 ………………… 116	18 味覚 ……………………… 128
19 お寿司 …………………… 132	20 日本食 …………………… 136
21 ファストフード ………… 140	22 お酒・ソフトドリンク … 144
23 フロント① ……………… 156	24 フロント② ……………… 158
25 設備・サービス ………… 164	26 交通機関① ……………… 180
27 交通機関② ……………… 182	28 飛行機 …………………… 190
29 観光 ……………………… 200	30 東日本・主要観光地 …… 202
31 西日本・主要観光地 …… 204	32 日本の主要都市 ………… 206
33 病気・トラブル ………… 218	34 銀行・お金 ……………… 220

本書の使い方

　この本は、中国語を使って接客するためのフレーズ集です。「標準語」を話す中国や台湾の観光客に使えます。準備学習にも、その場での対応にも役立ちます。

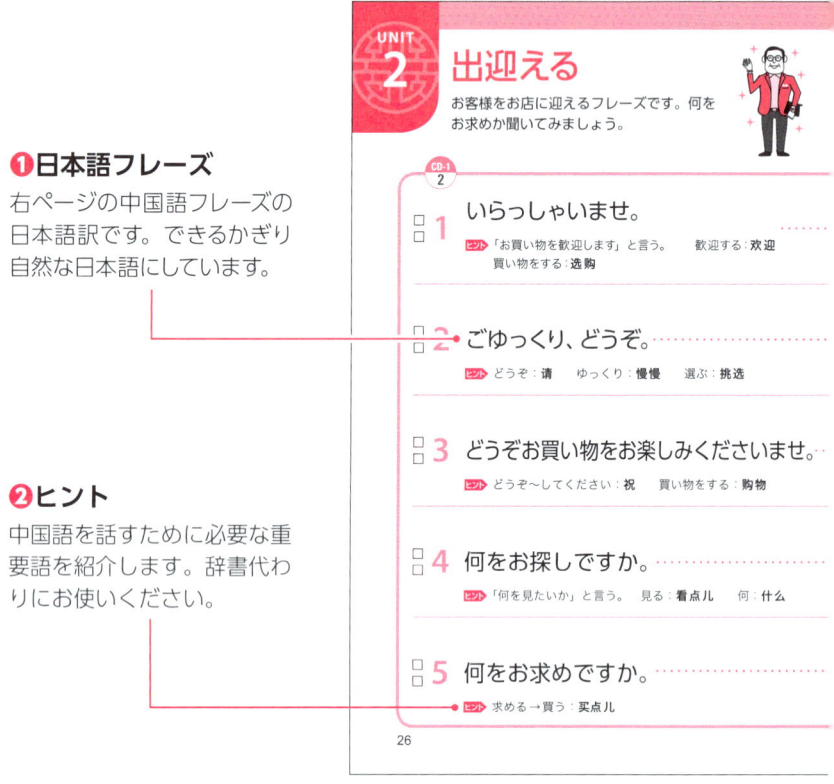

❶日本語フレーズ
右ページの中国語フレーズの日本語訳です。できるかぎり自然な日本語にしています。

❷ヒント
中国語を話すために必要な重要語を紹介します。辞書代わりにお使いください。

接客フレーズ

　左ページは日本語フレーズとヒント(語注)、右ページは中国語フレーズという構成です。左ページで必要なフレーズを検索して、右ページの中国語フレーズを話しましょう。添付の「目隠しシート」を使って、右ページを隠して、日本語を見て中国語を話す会話練習もできます。

❸表現ワンポイント

よく使う中国語の表現についてのワンポイント解説です。そのページで使われている重要表現を取り上げます。

😊 表現ワンポイント　　　　　　　　　第1章　接客基本フレーズ

□ **点儿**：少し
「一点儿」の省略形で、「少し」という意味です。会話のときによくこの省略形を使います。「動詞+点儿+什么」は「点儿」があってもなくても意味自体が変わることはありません。「您吃点儿什么？」（何を召し上がりますか）

□ **要**：〜を求める
相手の要望をたずねるときに使います。「您要+〜」という形になります。

Huān yíng xuǎn gòu.
▶ **欢迎选购。**
ホゥアン イン シゥアン ゴウ

Qǐng nín màn màn tiāo xuǎn.
▶ **请您慢慢挑选。**
チィン ニィン マン マン ティオ シゥアン

Zhù nín gòu wù yú kuài.
▶ **祝您购物愉快。**
ヂゥーニィン ゴウ ウー ユイ クゥアイ

Nín yào kàn diǎnr shén me?
▶ **您要看点儿什么？**
ニィン ヤオ カン ディアル シェン マ

Nín yào mǎi diǎnr shén me?
▶ **您要买点儿什么？**
ニィン ヤオ マイ ディアル シェン マ

❹中国語フレーズ

接客シーン別に60のユニットで紹介します。全部で300フレーズがあります。中国人・台湾人観光客にそのまま通じる自然な中国語になっています。

❺ピンイン・カタカナ

フレーズには上に「ピンイン」（中国語の発音記号）、下に「カタカナ」が付いています。発音の参考にしてください。ピンインと四声についてはp.22に説明があります。

ワードバンク

接客シーンでよく使う単語をまとめて紹介するコーナーです。全部で34コーナー、500語あります。大きく見やすく表示していますので、指さしでも使えます。また、商品の説明ラベルや案内掲示を作るときの参考にもなります。

領収書
fā piào
发 票
ファー ピィアオ

CDの使い方

　CDは2枚あります。CD-1はフレーズが、CD-2はワードバンクの単語が収録されています。

● フレーズ

　フレーズは（日本語）→（中国語）→（ポーズ）→（中国語）の順番で録音されています。ポーズのところで自分で声に出して言ってみましょう。話す練習をするのに最適です。

いらっしゃいませ。

Huān yíng guāng lín
欢迎光临。
ホゥアン　イン　グゥアン　リン

ここで言ってみましょう

Huān yíng guāng lín
欢迎光临。
ホゥアン　イン　グゥアン　リン

● ワードバンク

　ワードバンクの単語は（日本語）→（中国語）の順番で録音されています。中国語の単語の音声を確認するのに利用してください。
音声ダウンロードのしかたは一番最後のページを参照してください。

イントロダクション

中国人観光客と中国語を知ろう

■ これが中国人観光客だ！……………… 12
■ こんなにカンタン！ 中国語の文法 …… 16
■ 知っておきたい接客のキーワード …… 18
■ 数字・月・日・曜日の言い方………… 20
■ ピンインって何？ 四声って何？ …… 22

これが中国人観光客だ！

　接客フレーズの学習に入る前に、中国人観光客がどんな人たちなのか知っておきましょう。日本に来る目的は何か、どんな好みをもっているのか、どんなサービスを求めているか。お客様を知ることから接客サービスは始まります。

海外旅行のトレンド

　中国人が海外旅行に行けるようになったのは 90 年以降のことで、海外旅行者は毎年すさまじい勢いで増加してきました。

　若い人、もしくは新婚旅行の行き先にはモルディブが人気で、電気製品や日用品の買い物は日本、プチ整形と化粧品は韓国というトレンドになっています。そのほかに、シンガポールやハワイ、マレーシア、ヨーロッパなども年齢層を問わず人気です。

　帰国した人を対象に行ったアンケートによると、もう一度行きたい国では日本がダントツで一番です。

日本の人気スポット

　中国人観光客にとって一番の人気観光スポットは何と言っても東京ディズニーランドです。自分たちが夢の世界を楽しむだけではなく、ディズニーランドのお土産品はもらった人に喜ばれるからです。
　東京タワー、スカイツリー、浅草も人気の高い観光スポットです。また、中国には火山がないため、富士山を一度は見てみたいと思っている人も多くいます。富士山から箱根、東京への観光ルートはいま日本観光の定番コースとして定着しています。原宿や秋葉原、渋谷は若者に人気です。

日本のどんなところが好きか

　来日した中国人観光客が口を揃えて賞賛しているのは、街がきれいであることです。メインの通りはもちろん、細い路地に入ってもきれいだと言うのです。
　もうひとつは、日本の店のサービスの良さです。100円の商品を買っても笑顔で接客してくれたと感激している人もいます。また、観光地では必ずと言っていいほど、地元のお土産品を売っています。思い出を形にして残しておくのに非常にありがたいと好評です。

話しかけることがとても大切

　中国のお客様を迎えるときに、何より大切なのは言葉できちんとあいさつをすることです。中国語ができない場合には、日本語でもかまわないので、必ず声に出して、歓迎していることを伝えてください。

　また、筆談する際にも、黙っていないで、言葉は通じなくても気持ちは通じると思って、日本語で話しながら筆談するといいでしょう。おつりや商品を手渡すときも、日本語でもいいので言葉をかけるように心がけましょう。

スマホをこんなに使っている

　家電量販店やドラッグストアで、スマホを見ながら爆買いをしている中国人観光客の姿をよく見かけます。実はこの人たちはスマホで中国国内での口コミ情報を見ているのです。口コミには、商品名とその写真のほか、値札の写真も載っています。

　気に入った商品を見つけたら、口コミの内容を読んで価格をチェックします。その店の商品が同じ価格か、それより安かったら爆買いを開始します。スマホは爆買いの情報検索ツールとなっているわけです。

宿泊施設に求めるもの

　日本のホテルは、中国語のテレビチャンネルがとても少なく、外国のチャンネルすらないホテルもあります。中国人観光客のみならず欧米からの観光客からも不満の声がよく聞かれます。

　また、無線LANを提供していても、使用するには、多くの場合、登録してIDを発行してもらう手続きが必要です。この手続きが外国人にとって複雑で面倒なので、途中であきらめてしまう人もたくさんいるようです。サービス向上の一環として改善を期待したいところです。

中国人が好きな日本料理

　中国人が刺身を食べるようになったのは実は最近のことです。好んで食べるのはマグロとサーモンで、消費量は年々増加傾向にあります。

　しかし、刺身の歴史と文化がまだ浅いため、本当に美味しい刺身がどんな味なのか、実はよく知らずに、知ったかぶりをしている人が多いのです。せっかく日本に行くのなら、本場の味をぜひ楽しみたい、中国で食べられないネタを食べてみたいと思っています。

　刺身のほかに、てんぷらやすきやきも人気の料理です。また、意外かもしれませんが、実は、中国人は日本のラーメンが大好きです。

こんなにカンタン！ 中国語の文法

　中国語の文法は非常にシンプルです。単語を決まった順番で並べる──これで文が出来上がります。

　単語と語順、この2つがポイントです。ここでは例を使ってわかりやすく紹介しましょう。

「私はお土産を買います」

主語 ＋ 述語 ＋ 目的語

我　买　礼品。
私　　買う　　お土産

語順は日本語と異なるので注意してください。
「人」→「する」→「こと(物)」という語順が基本です
これをベースにして接客中国語会話に使う基本文を紹介します。

❶自分の行動を話す：「私は〜をします」　肯定文

「私はお土産を見ます」

我　看　礼品。
私　　見る　　お土産

・・・・・・・・・・・・・・・・・・・・・・・・・・・・・・・・・・・・

「私は刺身を食べます」

我　吃　生鱼片。
私　食べる　　刺身

❷相手の行動をたずねる:「〜をするのですか」 疑問文

「疑問文」は、文末に疑問を表す「吗」(ですか?)を付けます。

「お土産をお求めですか」

您　买　礼品　吗？
あなた　買う　お土産　ですか

「お刺身を召し上がりますか」

您　吃　生鱼片　吗？
あなた　食べる　　刺身　　ですか

　中国語の肯定文と疑問文の語順は同じで、疑問文にする場合は、文末に疑問を表す「吗」を付けるだけです。

❸否定する:「私は〜しません」 否定文

「私はお土産を買いません」

我　不买　礼物。
私　買わない　お土産

「私は刺身を食べません」

我　不吃　生鱼片。
私　食べない　　刺身

　否定文にするには、否定を表す「不」(〜しない)を動詞の前に付けるだけです。

知っておきたい接客のキーワード

　接客会話で頻繁に使う基本的な言葉をまとめて覚えておきましょう。

---

qǐng
请
チィン

「请＋動作」(どうぞ〜ください)：丁寧に行動を促します。

请坐。(どうぞお座りください)
＊単独でも使えます。　请。(どうぞ)

---

yào
要
ヤオ

「要＋動作」(〜がほしい、〜を求める)：要望を表します。

要什么？(何をお求めですか)
要什么样的？(どのようなものをお求めですか)

---

kě yǐ
可以
カー イー

「可以＋動作」(〜をしてもいい)：許可を表します。

可以刷卡。(クレジットカードがお使いになれます)
＊否定は「不可以」という形になります。
　不可以刷卡。(クレジットカードは使えません)
＊単独でも使えます。
　可以。(いいですよ)　　不可以。(だめです)

---

xǐ huan
喜欢
シー ホゥアン

「動作＋喜欢＋もの」(人は〜が好きだ)：人の好みを表します。

你喜欢什么颜色的？(何色がお好きですか)
你喜欢什么品牌的？(どのブランドがお好きですか)

---

hěn
很
ヘン

「很＋形容詞」(とても〜)：物・人の様子、状態などを表します。

很帅。(とても格好いい)
很漂亮。(とてもきれいだ)
很畅销。(よく売れている)

zhèi shì **这是** チェイ シー	「**这是**＋〜」（これは〜だ）：物などを説明するのに使います。 **这是**日本制。（これは日本製です） **这是**新产品。（これは新製品です）
zài **在** ヅァイ	「**在**＋場所」（〜に）：物・人が存在する場所を表します。 **在**这边。（こちらにあります）　**在**左边。（左側にあります）
yǒu **有** イヨウ méi yǒu **没有** メイ イヨウ	「**有**＋物」（〜がある）：物の存在を表します。 「**没有**＋物」（〜がない） 本店**有**名牌皮包。（当店にはブランドのバッグがあります） 化妆品**有**优惠。（化粧品は優待があります） ＊単独でも使えます。 　**有**。（あります）　**没有**。（ありません）
shén me **什么** シェン マ	「**什么**＋〜」（どんな〜、どのような）： 物などの具体的な性質、様子、状態などをたずねるのに使います。 **什么**款式？（どんなスタイル？） **什么**功能？（どのような性能？）
nǎr **哪儿** ナール	「どこ〜？」：場所を聞くのに使います。 在**哪儿**？（どこにありますか）　去**哪儿**？（どこに行きますか）
zěn me yàng **怎么样** ヅェン マ ヤン	「いかがですか」：相手に何かを勧めるのに使います。 这个**怎么样**？（これはいかがでしょうか） ＊単独でも使えます。　**怎么样**？（いかがですか）
de **的** ダ	「〜の〜」：物などを限定的に修飾するのに使います。 今天**的**特价菜。（今日のスペシャルメニューです） 日本制**的**电饭煲。（日本製の炊飯器です）

数字・月・日・曜日の言い方

●数字の言い方

11〜99 までは、1〜10 の数字をそのまま並べるだけで表せます。

líng	yī	èr	sān	sì	wǔ
0	1	2	3	4	5

liù	qī	bā	jiǔ	shí
6	7	8	9	10

shí yī	shí èr	shí sān	èr shí
11	12	13	20

èr shi wǔ	qī shi bā	jiǔ shi jiǔ
25	78	99

百、千、万の場合、日本語では前に「一」を付けませんが、中国語では必ず「一」「二」「三」などの数字を付けます。

yì bǎi	liǎng bǎi	yì qiān	liǎng qiān	yí wàn	liǎng wàn
100	200	1000	2000	10000	20000

●月の言い方

月の言い方は日本語と同じで、数字の後に「月」を付けます。

yī yuè	èr yuè	sān yuè	sì yuè	wǔ yuè	liù yuè
一月	二月	三月	四月	五月	六月

qī yuè	bā yuè	jiǔ yuè	shí yuè	shí yī yuè	shí èr yuè
七月	八月	九月	十月	十一月	十二月

jǐ yuè
几月（何月）

●日の言い方

日の言い方は、会話に使う「号」と、文章に使う「日」の2種類があります。まず、「号」を覚えておきましょう。数字の後に「号」を付けます。

yī hào
一号

èr hào
二号

sān hào
三号

wǔ hào
五号

shí hào
十号

shí yī hào
十一号

shí èr hào
十二号

èr shí hào
二十号

sān shí hào
三十号

sān shi yī hào
三十一号

jǐ hào
几号（何日）

●曜日の言い方

曜日は「星期」と言います。一から六までの数字を「星期」の後に付けることで、月曜日から土曜日を表します。ただ、日曜日の場合、「日」また「天」を使います。

xīng qī yī
星期一（月曜日）

xīng qī èr
星期二（火曜日）

xīng qī sān
星期三（水曜日）

xīng qī sì
星期四（木曜日）

xīng qī wǔ
星期五（金曜日）

xīng qī liù
星期六（土曜日）

xīng qī rì　xīng qī tiān
星期日／星期天（日曜日）

xīng qī jǐ
星期几（何曜日）

「ピンイン」って何?

「ピンイン」とは、日本語に例えると、漢字に付けるフリガナのようなものです。中国語は全部漢字なので、この漢字をどのように読むのか、その読みを表すのがピンインです。ピンインは、ローマ字と声調の2つの部分で構成されています。

「声調」って何?

「声調」とは、音の上がり下がりで、日本語のイントネーションのようなものです。声調は棒線で表します。声調は第一声から第四声までの4つと軽声があります。子音が先で、母音が後、そして、声調は母音の上に表記されます。

第一声	mā	上げ下げはなく、高くまっすぐ伸ばします。
第二声	má	低いほうから高いほうに上げます。日本語の「ええ?」をイメージすればいいでしょう。
第三声	mǎ	最初から低く抑え気味で発音し、決して上げようとしないこと。最初から最後まで低く抑えるのがポイントです。
第四声	mà	ストンと下げるように発音します。カラスの鳴き声をイメージしてください。
軽　声	ma	声調のない音で、軽く発音すれば大丈夫です。

第1章

接客基本フレーズ

接客はにこやかにあいさつすることから
スタートします。
まず、どんなお店の人も使う
基本フレーズを知っておきましょう。

UNIT 1　CD1-1
▼
UNIT 16　CD1-16

ワードバンク1　CD2-1
▼
ワードバンク2　CD2-2

UNIT 1

あいさつ

接客もあいさつが基本です。はっきり明るく言えるようにしましょう。

CD-1
1

☐ **1** こんにちは。

ヒント「您」を使う。「您」は「你」の丁寧な言い方。

☐ **2** いらっしゃいませ。

ヒント「ようこそ、ご来店」と言う。　ようこそ：**欢迎**　ご来店：**光临**

☐ **3** どうもありがとうございます。

ヒント「谢」を重ねる。

☐ **4** 皆さま、ありがとうございます。

ヒント 皆さま：**各位**

☐ **5** さようなら。

ヒント「もう一度会う」と言う。　もう一度：**再**　会う：**见**

24

表現ワンポイント　　第1章　接客基本フレーズ

- □ **您**：「你」(あなた)の丁寧な言い方です
  お客様にはこちらを使いましょう。2人以上のときには「您们 nín men」と複数形にします。
- □ **谢谢**：ありがとうございます
  単独で使えるだけでなく、後ろに感謝の相手を続けることもできます。「谢谢您」とも言いますが、感謝のレベルに差はありません。

Nín hǎo.
您好。
ニィン　ハオ

Huān yíng guāng lín.
欢迎光临。
ホゥアン　イン　グゥアン　リン

Xiè xie.
谢谢。
シィエ シィエ

Xiè xie gè wèi.
谢谢各位。
シィエ シィエ　ガー　ウエイ

Zài jiàn.
再见
ヅァイ ディエン

UNIT 2 出迎える

お客様をお店に迎えるフレーズです。何をお求めか聞いてみましょう。

CD-1 2

☐☐ **1** いらっしゃいませ。

ヒント「お買い物を歓迎します」と言う。　　歓迎する：**欢迎**
買い物をする：**选购**

☐☐ **2** ごゆっくり、どうぞ。

ヒント どうぞ：**请**　　ゆっくり：**慢慢**　　選ぶ：**挑选**

☐☐ **3** どうぞお買い物をお楽しみくださいませ。

ヒント どうぞ〜してください：**祝**　　買い物をする：**购物**

☐☐ **4** 何をお探しですか。

ヒント「何を見たいか」と言う。　　見る：**看**　　何：**什么**

☐☐ **5** 何をお求めですか。

ヒント 求める→買う：**买**

26

表現ワンポイント　　第1章　接客基本フレーズ

- □ **点儿：少し**
  「一点儿」の省略形で、「少し」という意味です。会話のときによくこの省略形を使います。「動詞＋点儿＋什么」は「点儿」があってもなくても意味自体が変わることはありません。「您吃点儿什么？」（何を召し上がりますか）
- □ **要：～を求める**
  相手の要望をたずねるときに使います。「您要＋～」という形になります。

Huān yíng xuǎn gòu.
欢迎选购。

Qǐng nín màn màn tiāo xuǎn.
请您慢慢挑选。

Zhù nín gòu wù yú kuài.
祝您购物愉快。

Nín yào kàn diǎnr shén me?
您要看点儿什么？

Nín yào mǎi diǎnr shén me?
您要买点儿什么？

応対する①

お客様に店内で応対する基本フレーズです。
短い表現を活用しましょう。

CD-1 3

☐ **1** かしこまりました。
　　ヒント 同意・承諾の「**好**」を使う。

☐ **2** どういたしまして。
　　ヒント お礼に対して返す決まり文句を言う。

☐ **3** どうぞ。(物を渡すとき)
　　ヒント 「あなたに」と言う。　〜に：**給**

☐ **4** お客様。(男性に呼びかけるとき)
　　ヒント 男性の敬称「**先生**」を使う。

☐ **5** お客様。(女性に呼びかけるとき)
　　ヒント 女性の敬称「**女士**」を使う。

表現ワンポイント　　第1章　接客基本フレーズ

- □ **不客气**：**どういたしまして**
  お礼に対する最も一般的な応答の言葉です。謝罪されたときにも応答の言葉として使える、便利なひと言です。
- □ **给**：**〜に**
  相手に何かを渡すときに使います。「给＋人」という形です。

Hǎo de.
好的。
ハオ　ダ

Bú kè qi.
不客气。
ブー　カー　チ

Gěi nín.
给您。
ゲイ　ニィン

Zhèi wèi xiān sheng.
这位先生。
チェイ ウエイ シィエン ション

Zhèi wèi nǚ shì.
这位女士。
チェイ ウエイ ヌゥー シー

UNIT 4 応対する②

お客様を気づかうフレーズもいくつか練習しておきましょう。日本的サービスを発揮するのに欠かせません。

1 少々お待ちください。

ヒント 少し：稍　待つ：等

2 おかけになってお待ちください。

ヒント 座る：坐　ここに：在这儿　待つ：等候

3 係の者を呼んできます。

ヒント 呼ぶ：叫　係の者：负责人

4 何かお手伝いできることはありますか。

ヒント 必要である：要　手伝うこと：帮忙的

5 ご要望がありましたら、ご遠慮なく。

ヒント 要望：要求　遠慮なく（どうぞ）：不要客气

表現ワンポイント　　第1章　接客基本フレーズ

- □ 有：持つ、所有する
  物などを「持つ、所有する」という意味を表します。「有＋物」という形になります。
- □ 什么：何？
  物や事柄が何かをたずねるときに使います。「有什么～？」は「何か～ありますか」という意味です。

Qǐng shāo děng.

请稍等。

チィン シァオ デン

Qǐng zuò zài zhèr děng hòu.

请坐在这儿等候。

チィン ヅゥオ ヅァイ ヂァール デン ホウ

Wǒ jiào fù zé rén lái.

我叫负责人来。

ウオ ヂィアオ フゥー ヅゥ レン ライ

Yǒu shén me yào bāng máng de ma?

有什么要帮忙的吗？

イオウ シェン マ ヤオ バン マン ダ マ

Nín yǒu shén me yāo qiú qǐng bú yào kè qi.

您有什么要求请不要客气。

ニィン イオウ シェン マ ヤオ チィウ チィン ブー ヤオ カー チー

UNIT 5 案内する

お客様を案内するときの基本フレーズです。
気持ちを込めて笑顔で話しましょう。

1 ご案内いたします。

ヒント「案内する」→「私に従う」と言う。　従う：**随**

2 こちらへどうぞ。

ヒント こちらへ：**这边**

3 たいへんお待たせしました。

ヒント ～させる：**让**　　長く待つ：**久等**

4 何かありましたらお申しつけください。

ヒント「何か要望がありましたら」と言う。　要望：**要求**
申しつける→知らせる：**告诉**

5 いつでもご案内させていただきます。

ヒント いつでも：**随时**　　「案内する」→「あなたのために奉仕する」と言う。
あなたのために：**为您**　　奉仕する：**服务**

表現ワンポイント　　　第1章　接客基本フレーズ

- □ **请：どうぞ**
  英語の please に当たります。後ろに動詞を続けることができます。椅子や飲み物を勧めるときには単独で使えます。
- □ **让：〜させる**
  「〜させる」という使役の表現です。「让＋人＋動詞」（人に〜させる）という語順になります。

Qǐng suí wǒ lái.

请随我来。

チィン スゥイ ウオ ライ

Zhèi biān qǐng.

这边请。

デェイ ビィエン チィン

Ràng nín jiǔ děng le.

让您久等了。

ラン ニィン ディウ デン ラ

Nín yǒu shén me yāo qiú,　　qǐng gào su wǒ men.

您有什么要求、请告诉我们。

ニィン イオウ シェン マ ヤオ チィウ　チィン ガオ スゥ ウオ メン

Wǒ suí shí kě yǐ wèi nín fú wù.

我随时可以为您服务。

ウオ スゥイ シー カー イー ウエイ ニィン フゥー ウー

33

UNIT 6 中国語でのサービス

中国語が通じることをアピールしましょう。
お客様も安心して買い物ができます。

1 中国語でどうぞ。
ヒント 「中国語を話してください」と言う。　話す：**讲**　中国語：**中文**

2 ラベルは中国語で書かれています。
ヒント ラベル：**标签**　書く：**写**

3 中国語の話せるスタッフがおります。
ヒント スタッフ：**工作人员**

4 中国語の話せるスタッフを呼んでまいります。
ヒント 呼んでくる：**叫～来**

5 中国語のサービスを提供させていただいております。
ヒント 中国語のサービス：**中文服务**

表現ワンポイント　　　　　　　　第1章　接客基本フレーズ

- **会：〜できる**
  能力を持っていることを表します。主に「言語ができる」「スポーツができる」のに使います。できることはその後に置きます。
- **为：〜のために**
  「为+人+すること」（人のために〜をする）という形で使います。「为您提供免费服务。」（お客様に無料でサービスを提供させていただきます）

Qǐng nín jiǎng zhōng wén.

请您讲中文。

チィン ニィン ディアン ヂォン ウエン

Biāo qiān shì yòng zhōng wén xiě de.

标签是用中文写的。

ビィアオ チィエン シー イヨン ヂォン ウエン シィエ ダ

Běn diàn yǒu huì jiǎng zhōng wén de gōng zuò rén yuán.

本店有会讲中文的工作人员。

ベン ディエン イヨウ ホゥイ ディアン ヂォン ウエン ダ ゴゥン ヅゥオ レン ユアン

Wǒ jiào huì jiǎng zhōng wén de gōng zuò rén yuán lái.

我叫会讲中文的工作人员来。

ウオ ヂィアオ ホゥイ ディアン ヂォン ウエン ダ ゴゥン ヅゥオ レン ユアン ライ

Wǒ men kě yǐ wèi nín tí gōng zhōng wén fú wù.

我们可以为您提供中文服务。

ウオ メン カー イー ウエイ ニィン ティー ゴン ヂォン ウエン フゥー ウー

UNIT 7 話を聞く

お客様の話を聞くことは接客の基本です。
ご要望をしっかり理解するようにしましょう。

CD-1 7

□ 1 少しゆっくり話していただけますか。
ヒント 少しゆっくり：**慢一点儿**　話す：**说**

□ 2 もう一度話していただけますか。
ヒント もう一度：**再～一遍**

□ 3 もう少し大きい声で話していただけますか。
ヒント もう少し大きい声で：**大一点儿声**

□ 4 ここにお書きください。
ヒント 書く：**写**　ここに：**在这儿**

□ 5 お客様のお話を理解いたしました。
ヒント お客様のお話：**您讲的**　聞いてわかる：**听懂**

第1章　接客基本フレーズ

🐼 **表現ワンポイント**

- **一点儿**：少し
  「少し（ある）」という意味で使います。ネガティブなニュアンスはありません。
- **听懂**：聞いてわかる
  「聞いて理解できる」という意味で、その動作と、もたらされる結果の両方を表します。「听」が動作で、「懂」が結果です。

Qǐng màn yì diǎnr shuō.

请慢一点儿说。

チィン　マン　イー　ディアル　シゥオ

Qǐng zài shuō yí biàn.

请再说一遍。

チィン　ヅァイ　シゥオ　イー　ビィエン

Qǐng dà yì diǎnr shēng shuō.

请大一点儿声说。

チィン　ダー　イー　ディアル　ション　シゥオ

Qǐng xiě zài zhèr.

请写在这儿。

チィン　シィエ　ヅァイ　ヂァール

Nín jiǎng de wǒ tīng dǒng le.

您讲的我听懂了。

ニィン　ヂィアン　ダ　ウオ　ティン　ドゥン　ラ

UNIT 8 お詫びする

ご要望に応えられなかったとき、失礼があったときに使えるフレーズも練習しておきましょう。

1 申し訳ございません。

ヒント 非常に：**非常**　申し訳なく思う：**抱歉**

2 すみませんが、お話し中お邪魔いたします。

ヒント すみません：**对不起**　邪魔をする：**打断**

3 お待たせして申し訳ございません。

ヒント ～させる：**让**　長く待つ：**久等**

4 貴重なお時間を取らせてしまって申し訳ございません。

ヒント 時間をとらせる→遅らせる：**耽误**　貴重な：**宝贵**

5 お役に立てず、誠に申し訳ございません。

ヒント ～できない：**没能**　（あなたの）お役に立つ：**帮上您的忙**

第1章　接客基本フレーズ

🐼 **表現ワンポイント**

□ **抱歉／对不起**：申し訳ありません、すみません

どちらも相手に対して謝る言葉です。基本的には同じように使うことができます。「抱歉」はやや程度が弱く、「对不起」は丁重に謝るというニュアンスです。ただ、「抱歉」の前に程度を表す「非常」を付け加えることによって、正式なお詫びの言葉として使えます。

Fēi cháng bào qiàn.
非常抱歉。
フェイ チャン バオ チィエン

Duì bu qǐ, wǒ dǎ duàn yí xià.
对不起、我打断一下。
ドゥイ ブ チー　ウオ ダー ドゥアン イー シィア

Duì bu qǐ, ràng nín jiǔ děng le.
对不起、让您久等了。
ドゥイ ブ チー　ラン ニィン ヂィウ デン ラ

Duì bu qǐ, dān wu le nín de bǎo guì shí jiān.
对不起、耽误了您的宝贵时间。
ドゥイ ブ チー　ダン ウ ラ ニィン ダ バオ グゥイ シー ヂィエン

Bào qiàn, méi néng bāng shang nín de máng.
抱歉、没能帮上您的忙。
バオ チィエン　メイ ネン バン シァン ニィン ダ マン

UNIT 9 勧める

中国のお客様には積極的にアプローチしましょう。自信をもって勧めることが大切です。

1 当店では、良い商品を安く提供しております。

ヒント 品質が良くて、値段が安い：**物美价廉**

2 当店の商品はすべて本物です。

ヒント 品物が良くて、本物である：**货真价实**

3 これは最新のモデルです。

ヒント モデル：**款式**

4 これは入荷したばかりです。

ヒント 入荷する：**新上市**

5 これはとても人気があります。

ヒント とても人気がある：**很受欢迎**

表現ワンポイント　　第1章　接客基本フレーズ

- □ **这是**：これは～です
  目の前にあるものについて「これは～です」という意味で使います。商品などを紹介するときに絶対に必要なフレーズです。

- □ **最～**：最も～
  「这是最～的。」（これは最も～なものだ）という形で使えます。「这是最好的。」（これは最高のものです）

Běn diàn de shāng pǐn wù měi jià lián.

本店的商品物美价廉。

ベン ディエン ダ シァン ピン ウー メイ ディア リィエン

Běn diàn de shāng pǐn huò zhēn jià shí.

本店的商品货真价实。

ベン ディエン ダ シァン ピン ホゥア チェン ディア シー

Zhèi shì zuì xīn kuǎn shì.

这是最新款式。

チェイ シー ヅゥイ シィン クゥアン シー

Zhèi shì xīn shàng shì de.

这是新上市的。

チェイ シー シィン シァン シー ダ

Zhèi ge hěn shòu huān yíng.

这个很受欢迎。

チェイ ガ ヘン シォウ ホゥアン イン

41

UNIT 10 説明する

品物を簡単に説明できると、お客様の購買意欲も高まります。売れ筋をしっかり紹介しましょう。

1 これはよく売れていますよ。

ヒント 売れ行きがいい：**畅销**

2 これは一番の人気です。

ヒント 一番の人気の：**最有人气**

3 品切れになりつつあります。

ヒント 「在庫がすでに少なくなっている」と言う。
在庫：**剰下的**　　すでに：**已经**

4 これはお買い得ですよ。

ヒント お買い得：**合算**

5 申し訳ございませんが、売り切れでございます。

ヒント 売り切れた：**卖完了**

🐼 表現ワンポイント　　第1章　接客基本フレーズ

□ **非常**：とても、非常に
並み以上であると、程度を強調するときに使います。「非常＋形容詞」という形です。「非常好看。」（とても可愛い）。「非常便宜。」（すごく安い）。形容詞をいくつか覚えて、話す練習をしておくといいでしょう。

Zhèi ge fēi cháng chàng xiāo.
这个非常畅销。
チェイ　ガ　フェイ チャン チャン シィアオ

Zhèi ge zuì yǒu rén qì.
这个最有人气。
チェイ　ガ　ヅゥイ イヨウ レン　チー

Shèng xia de yǐ jīng bù duō le.
剩下的已经不多了。
ション シィア　ダ　イー ヂィン　ブー　ドゥオ　ラ

Zhèi ge fēi cháng hé suàn.
这个非常合算。
チェイ　ガ　フェイ チャン　ハー　スゥアン

Duì bu qǐ, yǐ jīng mài wán le.
对不起、已经卖完了。
ドゥイ　ブ　チー　イー ヂィン マイ　ウアン　ラ

UNIT 11 ディスカウント

値引きしているものはしっかりアピールしましょう。また、値引き交渉にも応じられるようにしておきましょう。

(お客様)

1 安くしていただけますか。

ヒント 安くする：便宜一点儿

2 価格は70％下がったところです。

ヒント 70%下がった→3掛けにした：打三折了

3 それでは10％値引きいたします。

ヒント それでは：那

4 申し訳ございません。これ以上お安くすることはできません。

ヒント これ以上～できない：已经不能再～了

5 これは最安値ですよ。

ヒント 最安値である：最低价格

😊 表現ワンポイント　　　第1章　接客基本フレーズ

□ **便宜**：安い
　「安い」という意味で、日本語の意味と異なるので注意しましょう。

□ **折**：〜掛け
　「掛け率」という意味で、割引率の「割」と逆なので混乱しがちです。
　「三折」は「3割引き」ではなく、「7割引き」という意味です。

Néng bù néng pián yi yì diǎnr?

▶ **能不能便宜一点儿？**

ネン　ブー　ネン　ピィエン　イ　イー　ディアル

Yǐ jīng dǎ sān zhé le.

▶ **已经打三折了。**

イー　ディン　ダー　サン　ヂァー　ラ

Nà gěi nín dǎ jiǔ zhé.

▶ **那给您打九折。**

ナー　ゲイ　ニィン　ダー　ディウ　ヂァー

Duì bu qǐ, yǐ jīng bù néng zài pián yi le.

▶ **对不起、已经不能再便宜了。**

ドゥイ　ブ　チー　イー　ディン　ブー　ネン　ヅァイ　ピィエン　イ　ラ

Zhèi shì zuì dī jià gé le.

▶ **这是最低价格了。**

ヂェイ　シー　ヅゥイ　ディー　ディア　ガー　ラ

45

UNIT 12 包装と配送

商品をきれいに包装するのは日本的サービスの基本です。お客様の便宜のために配送の要望にも応じましょう。

1 ラッピングいたしましょうか。

ヒント ラッピングする、包装する：**包装**

2 別々に包装いたしましょうか。

ヒント 別々に：**分別**

3 箱にお入れしましょうか。

ヒント 入れる、詰める：**装**　箱（の中）：**盒里**

4 中国まで配送できますよ。

ヒント 〜に配送する：**运到**

5 お箱代を200円いただきます。

ヒント 箱代：**盒費単**　請求する、受け取る：**収**

表現ワンポイント　　　第1章　接客基本フレーズ

- □ **运到**：配送する、配達する
  「运到」の後に配達先を置いて使います。
- □ **一个**：1つの
  「个」は人や物を数えるときに使います。「数字＋个＋人・物」という語順になります。「一个人」（一人の人）、「三个盒」（3個の箱）

Yào bāo zhuāng ma?
要包装吗？
ヤオ　バオ　ヂゥアン　マ

Yào fēn bié bāo zhuāng ma?
要分别包装吗？
ヤオ　フェン　ビエ　バオ　ヂゥアン　マ

Yào zhuāng hé li ma?
要装盒里吗？
ヤオ　ヂゥアン　ハー　リ　マ

Kě yǐ yùn dào Zhōng guó.
可以运到中国。
カー　イー　ユン　ダオ　ヂォン　グゥオ

Hé fèi dān shōu,　yí ge èr bǎi rì yuán.
盒费单收，一个200日元。
ハー　フェイ　ダン　シォウ　　イー　ガ　アル　バイ　リー　ユアン

UNIT 13 お勘定①

お客様の買い物が終わったらレジに案内しましょう。支払い方法を聞きしましょう。

1 レジはこちらでございます。

ヒント レジ：收银台　こちら：在这边

2 レジまでご案内します。

ヒント 案内する：带您去

3 全部で7万8000円です。

ヒント 全部で：一共

4 お支払いは現金ですか、クレジットカードですか。

ヒント 支払う：付　〜または〜：还是　クレジットカードで支払う：刷卡

5 お支払いは銀聯カードとクレジットカードのどちらでも大丈夫です。

ヒント （支払いに）使う：用　銀聯カード：银联卡　クレジットカード：信用卡

表現ワンポイント　　第1章　接客基本フレーズ

- **付：支払う**
  「現金で支払う」という意味で、カードでの支払いには使いません。
  「カードで支払う」は「刷卡」と言います。

- **还是：〜または〜**
  2つの選択肢から1つを選んでもらうときに使います。「A＋还是＋B」
  （AまたはB）のように、2つの選択肢の間に入れます。

Shōu yín tái zài zhèi biān.

收银台在这边。

シォウ　イン　タイ　ヅァイ　ヂェイ ビィエン

Wǒ dài nín qù shōu yín tái.

我带您去收银台。

ウオ　ダイ　ニィン チュイ シォウ　イン　　タイ

Yí gòng qī wàn bā qiān rì yuán.

一共七万八千日元。

イー　ゴゥン　チー ウアン　バー　チィエン　リー　ユアン

Nín fù xiàn jīn hái shi shuā kǎ?

您付现金还是刷卡？

ニィン フゥー シィエン ヂン　ハイ　　シ　シゥア　カー

Kě yǐ yòng yín lián kǎ,　　yě kě yǐ yòng xìn yòng kǎ.

可以用银联卡、也可以用信用卡。

カー　イー　イヨン　イン　リィエン カー　　イエ　カー　イー　イヨン シィン イヨン　カー

UNIT 14 お勘定②

カード決済の場合には、サインか暗証番号の入力をお願いします。一連の動作がスムーズに流れるように練習しておきましょう。

1 ここにサインをお願いいたします。

ヒント サインする、署名する：**签名**

2 暗証番号を入力してください。

ヒント 入力する：**输入**　暗証番号：**密码**

3 カードをお返しいたします。

ヒント カード：**卡**　返す：**还**

4 こちらが領収書です。

ヒント 領収書：**发票**

5 商品をホテルまでお届けするサービスもございます。

ヒント 〜に送る：**送到**　ホテル：**酒店**

表現ワンポイント　　第1章　接客基本フレーズ

□ **在这儿**：**ここに**
　「在」は「〜に」で、動作の場所を表します。「这儿」は「ここ」という意味です。場所は「在」の後に置き、「在＋場所」という形になります。

□ **把**：**〜を**
　「〜を」という意味で、「把」の次にくる名詞を強調する役割をします。

Qǐng zài zhèr qiān míng.

请在这儿签名。

チィン ヅァイ　ヂァール　チィエンミィン

Qǐng shū rù mì mǎ.

请输入密码。

チィン シゥー ルゥー ミー　マー

Kǎ huán gěi nín.

卡还给您。

カー ホゥアン ゲイ ニィン

Zhèi shì fā piào.

这是发票。

ヂェイ シー ファー ピィアオ

Wǒ men kě yǐ bǎ shāng pǐn sòng dào jiǔ diàn qù.

我们可以把商品送到酒店去。

ウオ メン カー イー バー シァン ピン ソン ダオ ジィウ ディエンチュイ

ワードバンク 1
[会計①]

レジ

shōu yín tái

收银台

シォウ イン タイ

支払い

fù kuǎn

付款

フゥー クゥアン

免税手続き

miǎn shuì shǒu xù

免税手续

ミィエン シゥイ シォウ シュイ

現金

xiàn jīn

现金

シィエン ヂン

おつり

zhǎo qián

找钱

ヂァオ チィエン

為替レート

huì lǜ

汇率

ホゥイ リュイ

クレジットカード

xìn yòng kǎ

信用卡

シィン イヨン カー

カードで支払う	銀聯カード
shuā kǎ	yín lián kǎ
刷卡	**银联卡**
シゥア カー	イン リィエン カー

暗証番号	エラーメッセージ
mì mǎ	cuò wù xìn xī
密码	**错误信息**
ミー マー	ツゥオ ウー シィン シー

サイン	一括払い
qiān míng	yí cì fù qīng
签名	**一次付清**
チィエン ミィン	イー ツー フゥー チィン

分割払い	3回払い
fēn qī fù kuǎn	fēn sān cì fù qīng
分期付款	**分三次付清**
フェン チー フゥー クゥアン	フェン サン ツー フゥー チィン

第1章 接客基本フレーズ

ワードバンク 2
[会計②]

領収書

fā piào
发票
ファー ピィアオ

領収書の宛名

fā piào fù kuǎn rén
发票付款人
ファー ピィアオ フゥー クゥアン レン

保証書

bǎo zhèng shū
保证书
バオ チェン シュー

サービス窓口

fú wù tái
服务台
フゥー ウー タイ

ラッピング

bāo zhuāng
包装
バオ ヂゥアン

箱代

hé fèi
盒费
ハー フェイ

商品券

shāng pǐn quàn
商品券
シァン ピィン チュアン

メンバーズカード	ポイントカード
huì yuán kǎ	jī fēn kǎ
会员卡	积分卡
ホゥイ ユアン カー	ヂー フェン カー

クーポン	配送サービス
yōu huì quàn	sòng huò fú wù
优惠券	送货服务
イヨウ ホゥイ チュアン	ソン ホゥオ フゥー ウー

住所	電話番号
dì zhǐ	diàn huà hào mǎ
地址	电话号码
ディー ヂー	ディエン ホゥア ハオ マー

送料	控え
sòng huò fèi	shōu jù
送货费	收据
ソン ホゥオ フェイ	シォウ デュイ

第1章 接客基本フレーズ

UNIT 15 アフターサービス

返品やクレームにも対応できるようにしておきましょう。レシートの有無を確認しましょう。

(お客様)

1 返品はできますか。

ヒント 返品する：**退货**

2 レシートをお持ちですか。

ヒント レシート、領収書：**发票**

3 どこがご不満でしたか。

ヒント どこ：**哪儿**　　不満：**不满意**

4 レシートなしでは払い戻しはできません。

ヒント 払い戻しする→返品する：**退货**

5 申し訳ございませんが、食品の返品はできません。

ヒント 返品する：**退**

表現ワンポイント 第1章 接客基本フレーズ

- □ **哪儿**：どこ？
  場所を表す疑問詞です。単独で使うときには語尾を少し上げましょう。「在」の後ろに置き、「在哪儿？」で「どこですか」という意味です。

- □ **不能**：〜できない
  「〜できない」という意味で、断るときに使います。断る内容を直後に置きます。単独でも使えます。

Kě yǐ tuì huò ma?

可以退货吗？

カー　イー　トゥイ ホゥオ　マ

Yǒu fā piào ma?

有发票吗？

イヨウ ファー ピィアオ　マ

Nín nǎr bù mǎn yì?

您哪儿不满意？

ニィン　ナール　ブー　マン　イー

Méi yǒu fā piào bù néng tuì huò.

没有发票不能退货。

メイ イヨウ ファー ピィアオ ブー　ネン　トゥイ ホゥオ

Duì bu qǐ,　　shí pǐn bù néng tuì.

对不起、食品不能退。

ドゥイ　ブ　チー　　シー ピィン ブー　ネン トゥイ

UNIT 16 見送る

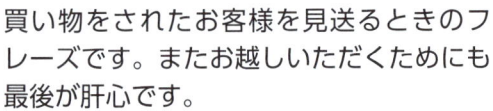

買い物をされたお客様を見送るときのフレーズです。またお越しいただくためにも最後が肝心です。

1 ご満足いただけましたか。

ヒント 満足する：**満意**

2 ご来店ありがとうございました。

ヒント ご来店：**光临**

3 またのお越しをお待ちしております。

ヒント お待ちしております→歓迎します：**欢迎**　　もう一度：**再次**

4 お気をつけてお帰りくださいませ。

ヒント 気をつけて帰る：**慢走**

5 お気をつけてお帰りくださいませ。

ヒント 気をつけて帰る：**走好**

表現ワンポイント　　　　　第1章　接客基本フレーズ

- □ **光临**：ご来店
    自分の店に来てくださったお客様に対する敬意を込めた言い方です。
- □ **慢走**：お気をつけて
    「走」は「走る」という意味ではなく、「歩く、行く」という意味です。これから別れる人にかける言葉です。「走好」とも言います。前に「请」を付けるとより丁寧になります。

Nín mǎn yì ma?
您满意吗？
ニィン　マン　イー　マ

Xiè xie nín de guāng lín.
谢谢您的光临。
シィエ シィエ ニィン　ダ　グゥアン リン

Huān yíng zài cì guāng lín.
欢迎再次光临。
ホゥアン イン　ヅァイ　ツー　グゥアン リン

Qǐng màn zǒu.
请慢走。
チィン　マン　ヅォウ

Nín zǒu hǎo.
您走好。
ニィン ヅォウ ハオ

Column 1

中国人観光客はこんな特徴がある

● 声が大きい

何と言っても中国人は声が大きいです。中国は人口が多いため、自分のことを無視されないように大きな声で自己主張する必要があるからです。また、建物はレンガやコンクリートで作られているので、外にいても部屋の中にいても自然に声が大きくなるのです。

● 派手好き

次は、服装が派手だという点です。古くから赤が縁起のいい色と見なされてきたこともあり、鮮やかな色を身に着けることで自分の存在をアピールするという、自己表現の手段にもなっています。

● 写真でポーズ

中国人観光客は笑顔を作って、いろいろなポーズを取って写真を撮るのが大好きです。ただ普通に立って撮るのはつまらないと考えているのです。その場所を訪れた記念というよりも、自分が主役であることをあの手この手で表現しようとします。

● ゆっくり歩く

また、中国人は歩くスピードが日本人より遅いです。日本人がデパートで歩くスピードで中国人は街を歩きます。集団でゆっくりと街を歩くこともありますが、迷惑がらずに、そのテンポを理解してあげてください。

第2章

小売店フレーズ

衣料品店、家電量販店からスーパー、
ドラッグストアまで
さまざまな小売店で必要な
フレーズを紹介します。

UNIT 17 CD1-17
▼
UNIT 29 CD1-29

ワードバンク 3 CD2-3
▼
ワードバンク 17 CD2-17

UNIT 17 衣料品 ブランド・人気

中国のお客様はブランド好きです。衣料品はブランドと人気から入りましょう。

1 これは日本のブランドです。

ヒント ブランド：**名牌儿**

2 これはフランスのブランドです。

ヒント フランス：**法国**

3 これは今年の流行のスタイルです。

ヒント スタイル：**款式**

4 これは今年の流行の色です。

ヒント 流行の色：**流行色**

5 これは若者にとても人気があります。

ヒント ～にとても人気がある：**很受～的喜爱**　　若者：**年轻人**

表現ワンポイント

第2章　小売店フレーズ

□ **的**：〜の〜

「〜の〜」という意味で、後ろに来る言葉を限定します。「名詞＋的＋名詞」のように、名詞と名詞の間に置きます。「这是流行的口红。」（これは流行の口紅です）

Zhèi shì Rì běn de míng páir.

▶ **这是日本的名牌儿。**

チェイ　シー　リー　ベン　ダ　ミン　パイル

Zhèi shì Fǎ guó de míng páir.

▶ **这是法国的名牌儿。**

チェイ　シー　ファーグゥオ　ダ　ミン　パイル

Zhèi shì jīn nián de liú xíng kuǎn shì.

▶ **这是今年的流行款式。**

チェイ　シー　ヂン　ニィエン　ダ　リウ　シィン　クゥアン　シー

Zhèi shì jīn nián de liú xíng sè.

▶ **这是今年的流行色。**

チェイ　シー　ヂン　ニィエン　ダ　リウ　シィン　スァ

Zhèi ge hěn shòu nián qīng rén de xǐ ài.

▶ **这个很受年轻人的喜爱。**

チェイ　ガ　ヘン　シォウ　ニィエンチィン　レン　ダ　シー　アイ

UNIT 18

衣料品 勧める

衣料品の魅力をシンプルな言葉でアピールできるようにしておきましょう。

1 これはとてもエレガントですよ。

ヒント エレガントな：**高雅**

2 これはとてもおしゃれです。

ヒント おしゃれな：**时尚**

3 これは若く見えますよ。

ヒント 「身につけると若く見える」と言う。
身につける：**穿上**　　見える：**显得**　　若い：**年轻**

4 サイズはぴったりですね。

ヒント ぴったりの：**合体**

5 すごくカッコいいですよ。

ヒント カッコいい：**潇洒**

表現ワンポイント　　　第2章　小売店フレーズ

□ **显得**：〜ように見える、〜のようだ、〜らしい
人や物を見て、どう見えたかという結果を表します。「显得＋結果」という形になります。洋服を試着した女性客に対して、「显得很年轻。」（若く見えますよ）と言ってあげると効果的です。

Zhèi ge hěn gāo yǎ.
这个很高雅。

Zhèi ge hěn shí shàng.
这个很时尚。

Zhèi ge chuān shang xiǎn de hěn nián qīng.
这个穿上显得很年轻。

Nín chuān shang hěn hé tǐ.
您穿上很合体。

Nín chuān shang zhēn xiāo sǎ.
您穿上真潇洒。

ワードバンク 3
[衣料品①]

| アウター | wài tào 外套 ワイ タオ |

| コート | dà yī 大衣 ダー イー |

| ドレス | nǚ lǐ fú 女礼服 ヌゥー リー フゥー |

| ジャケット | jiā kè 茄克 ヂィア カー |

| スーツ | xī fú tào zhuāng 西服套装 シー フゥー タオ ヂゥアン |

| セーター | máo yī 毛衣 マオ イー |

| カーディガン | kāi shēn máo yī 开身毛衣 カイ シェン マオ イー |

スカート qún zi **裙子** チュン ヅ	ミニスカート chāo duǎn qún **超短裙** チャオ ドゥアン チュン
ワンピース lián yī qún **连衣裙** リィエン イー チュン	ブラウス zhào shān **罩衫** ヂャオ シァン
シャツ chèn shān **衬衫** チェン シャン	ズボン／パンツ kù zi **裤子** クー ヅ
ショートパンツ duǎn kù **短裤** ドゥアン クー	Tシャツ T xù shān **T恤衫** シュイ シャン

第2章 小売店フレーズ

ワードバンク 4
[衣料品②]

下着
nèi yī
内衣
ネイ イー

ブラジャー
wén xiōng
文胸
ウエン シィオン

靴下
wà zi
袜子
ワー ヅ

帽子
mào zi
帽子
マオ ヅ

マフラー
wéi jīn
围巾
ウエイ ヂン

サングラス
mò jìng
墨镜
モー ヂィン

手袋
shǒu tào
手套
ショウ タオ

ハイヒール	ブーツ
gāo gēn xié	xuē zi
高跟鞋	**靴子**
ガオ ゲン シィエ	シュエ ヅ

スニーカー	サンダル
yùn dòng xié	liáng xié
运动鞋	**凉鞋**
ユン ドゥン シィエ	リィアン シィエ

指輪	ネックレス
jiè zhi	xiàng liàn
戒指	**项链**
ヂィエ ヂ	シィアン リィエン

イヤリング	ブレスレット
ěr huán	shǒu liàn
耳环	**手链**
アル ホゥアン	シォウ リィエン

ワードバンク 5
[衣料品ブランド]

シャネル

xiāng nài ěr

香奈儿

シィアン ナイ アル

ルイ・ヴィトン

lù yì wēi dēng

路易威登

ルー イー ウエイ デン

エルメス

ài mǎ shì

爱马仕

アイ マー シー

プラダ

pǔ lā dá

普拉达

プゥー ラー ダー

グッチ

gǔ chí

古驰

グー チー

アルマーニ

ā mǎ ní

阿玛尼

アー マー ニー

ラルフ・ローレン

lā ěr fū luò lǎng

拉尔夫洛朗

ラー アル フゥー ルオ ラン

バーバリー bā bǎo lì **巴宝莉** バー バオ リー	ディオール dí ào **迪奥** ディー アオ
フェンディ fēn dí **芬迪** フェン ディー	ポール・スミス bǎo luó shǐ mì sī **保罗史密斯** バオ ルオ シー ミー スー
イッセイ ミヤケ yī shēng sān zhái **一生三宅** イー ション サン チャイ	セリーヌ xí lín **席琳** シー リン
カルバン・クライン kǎ ěr wén kè lái ēn **卡尔文克莱恩** カー アル ウエン カー ライ エン	ユニクロ yōu yī kù **优衣库** イヨウ イー クゥー

ワードバンク 6
[革製品・宝飾品ブランド]

フェラガモ
fēi lā gé mù
菲拉格慕
フェイ ラー ガー ムー

ロエベ
luó yì wēi
罗意威
ルオ イー ウエイ

コーチ
kòu chí
蔻驰
コウ チー

ティファニー
dì fū ní
蒂芙尼
ディー フゥー ニー

ピアジェ
pí yà jié
皮亚杰
ピー ヤー ディエ

ハリー・ウィンストン
hǎi ruì wēn sī dùn
海瑞温斯顿
ハイ ルゥイ ウエン スー ドゥン

ブルガリ
bǎo gé lì
宝格丽
バオ ガー リー

ロレックス	オメガ
láo lì shì	ōu mǐ jiā
劳力士	**欧米加**
ラオ リー シー	オウ ミー ディア

カルティエ	タグ・ホイヤー
kǎ dì yà	háo yǎ
卡地亚	**豪雅**
カー ディー ヤー	ハオ ヤー

カシオ	セイコー
kǎ xī ōu	jīng gōng
卡西欧	**精工**
カー シー オウ	ディン ゴゥン

シチズン	スウォッチ
xī tiě chéng	sī wò qí
西铁城	**斯沃琪**
シー ティエ チェン	スー ウオ チー

UNIT 19 衣料品 色

色も衣料品の重要な選択基準です。基本色 (p.76 参照) は中国語で言えるようにしておきましょう。

□ 1 どのような色がお好みですか。

ヒント どのような：**什么**　色：**颜色**

□ 2 お客様はピンクがよくお似合いですよ。

ヒント 似合う：**适合**　ピンク：**粉红色**

（お客様）
□ 3 他の色はありますか。

ヒント 他の：**别的**

□ 4 紺、茶、白の3色があります。

ヒント 紺：**蓝色**　茶色：**棕色**　～と～：**和**　種類：**种**

（お客様）
□ 5 これとこれをいただきます。

ヒント いただく：**要**　これ：**这件**

表現ワンポイント　　第2章　小売店フレーズ

□ **喜欢**：好きだ

「您喜欢什么+〜?」（どのような〜がお好みですか）はお客さんの好みをたずねるときに使う定番フレーズです。ブランド、色、性能などと一緒にセットで覚えておくと使いやすいでしょう。

Nín xǐ huan shén me yán sè de?

您喜欢什么颜色的？

ニィン　シー　ホゥアンシェン　マ　イエン　スァ　ダ

Nín shì hé chuān fěn hóng sè de.

您适合穿粉红色的。

ニィン　シー　ハー　チゥアン　フェン　ホン　スァ　ダ

Hái yǒu bié de yán sè de ma?

还有别的颜色的吗？

ハイ　イヨウ　ビエ　ダ　イエン　スァ　ダ　マ

Yǒu lán sè, zōng sè hé bái sè zhèi sān zhǒng yán sè.

有蓝色，棕色和白色这三种颜色。

イヨウ　ラン　スァ　ヅゥン　スァ　ハー　バイ　スァ　チェイ　サン　ヂォン　イエン　スァ

Wǒ yào zhèi jiàn hé zhèi jiàn.

我要这件和这件。

ウオ　ヤオ　ヂェイ　ヂィエン　ハー　ヂェイ　ヂィエン

75

ワードバンク 7
[色の単語]

CD-2 7

赤

hóng sè
红色
ホン スァ

白

bái sè
白色
バイ スァ

黒

hēi sè
黑色
ヘイ スァ

黄色

huáng sè
黄色
ホゥアン スァ

ピンク

fěn hóng sè
粉红色
フェン ホン スァ

ベージュ

mǐ huáng sè
米黄色
ミー ホゥアン スァ

茶色

zōng sè
棕色
ヅゥン スァ

ネイビー（濃紺） zàng lán **藏蓝** ヅァン ラン	青 lán sè **蓝色** ラン スァ
紫 zǐ sè **紫色** ヅー スァ	グレイ huī sè **灰色** ホゥイ スァ
緑 lǜ sè **绿色** リュイ スァ	金 jīn huáng sè **金黄色** ヂン ホゥアン スァ
濃い nóng **浓** ノゥン	薄い dàn **淡** ダン

UNIT 20 衣料品 サイズ

試着を勧めるフレーズとサイズについての
やりとりを練習しましょう。

1 ご試着なさってみてください。

ヒント 試着する：**试**

（お客様）
2 他のサイズはありますか。

ヒント 他の：**别的**　　サイズ：**号**

3 申し訳ございません。このサイズのみです。

ヒント 〜のみである：**只有**

（お客様）
4 ワンサイズ上のものがありますか。

ヒント ワンサイズ上のもの：**大一号的**

5 少々お待ちください。確認してまいります。

ヒント 少し待つ：**稍等**

第2章 小売店フレーズ

表現ワンポイント

□ 还有：〜もある
目の前にあるもの以外のものがあるかどうかをたずねるときに、文頭に置いて使います。「还有别的＋〜吗？」（他の〜がありますか）。別のものがある場合には「有」と答え、それしかない場合には「只有这个」（これしかありません）と答えればいいでしょう。

Nín kě yǐ shì yí xià.

您可以试一下。

ニィン カー イー シー イー シィア

Hái yǒu bié de hào ma?

还有别的号吗？

ハイ イヨウ ビエ ダ ハオ マ

Duì bu qǐ, zhǐ yǒu zhèi yí ge hào.

对不起，只有这一个号。

ドゥイ ブ チー ヂー イヨウ ヂェイ イー ガ ハオ

Yǒu dà yí hào de ma?

有大一号的吗？

イヨウ ダー イー ハオ ダ マ

Qǐng shāo děng. Wǒ qù kàn kan.

请稍等。我去看看。

チィン シァオ デン ウオ チュイ カン カン

UNIT 21 衣料品 生地

生地についても質問されることがあります。基本の生地の種類を説明できるようにしておきましょう。

1 これはイタリア製の生地です。

ヒント イタリア：意大利　生地：面料

2 （お客様）これはどんな生地ですか。

ヒント どんな生地→どんなもの：什么的

3 これはウール100％です。

ヒント ウール100％：纯毛

4 これはカシミヤ100％です。

ヒント 100％：百分之百　カシミヤ：羊绒

5 これはシルクです。手触りがとてもいいですよ。

ヒント シルク：丝绸　手触り：手感

表現ワンポイント　　　　　　　　　第2章　小売店フレーズ

□ **百分之〜**：〜パーセント
　「パーセント」を表し、「百分之＋数字」で使います。例えば、「百分之五十」なら「50パーセント」です。素材を続ける場合には、「百分之＋数字＋素材」という語順になります。生地の割合を紹介するときに欠かせない表現なので、覚えておきましょう。

Zhèi shì Yì dà lì de miàn liào.

▶ 这是意大利的面料。

チェイ シー イー ダー リー ダ ミィエン リィアオ

Zhèi shì shén me de?

▶ 这是什么的？

チェイ シー シェン マ ダ

Zhèi shì chún máo de.

▶ 这是纯毛的。

チェイ シー チゥン マオ ダ

Zhèi shì bǎi fēn zhī bǎi yáng róng de.

▶ 这是百分之百羊绒的。

チェイ シー バイ フェン ヂー バイ ヤン ロゥン ダ

Zhèi shì sī chóu de.　　Shǒu gǎn hěn hǎo.

▶ 这是丝绸的。手感很好。

チェイ シー スー チォウ ダ　シォウ ガン ヘン ハオ

81

ワードバンク 8
[サイズ・素材]

CD-2 / 8

大きい

dà

大

ダー

小さい

xiǎo

小

シィアオ

きつい

jǐn

紧

ヂン

ゆるい

féi

肥

フェイ

長い

cháng

长

チャン

短い

duǎn

短

ドゥアン

ちょうどいい

zhèng hé shì

正合适

ヂェン ハー シー

綿	麻
mián	má
绵	**麻**
ミィエン	マー

シルク	ウール
sī chóu	yáng máo
丝绸	**羊毛**
スー チョウ	ヤン マオ

カシミヤ	化学繊維
yáng róng	huà xiān
羊绒	**化纤**
ヤン ロゥン	ホゥア シィエン

牛革	毛皮
niú pí	máo pí
牛皮	**毛皮**
ニィウ ピー	マオ ピー

UNIT 22 デジタルカメラ

デジカメは機能を説明してあげると喜ばれます。保証やアフターサービスについても紹介しましょう。

1 このデジカメはビデオ撮影の機能が付いています。

ヒント デジカメ：**数码相机**　　ビデオ撮影：**摄像**　　機能：**功能**

2 このデジカメにはさまざまな機能があります。

ヒント「機能がそろっている」と言う。　　そろっている：**齐全**

3 この操作はとても簡単ですよ。

ヒント 簡単な：**简单**

4 保証期間は5年です。

ヒント 保証期間：**保修期**

5 中国各都市に修理店があります。

ヒント 都市：**大城市**　　修理店：**维修店**

表現ワンポイント　　　　　第2章　小売店フレーズ

□ **很：とても〜**
褒め言葉はほとんど形容詞なので、「很＋褒め言葉」という語順になります。褒め言葉をたくさん覚えて、積極的にお客さんを褒めて、気持ちよく買ってもらいましょう。

□ **都：みんな、全部**
2つ以上のものをまとめて指すときに使います。

Zhèi ge shù mǎ xiàng jī jù bèi shè xiàng gōng néng.

这个数码相机具备摄像功能。
チェイ　ガ　シュー　マー　シィアン　ヂー　デュイ　ベイ　シァー　シィアン　ゴゥン　ネン

Zhèi ge shù mǎ xiàng jī gōng néng hěn qí quán.

这个数码相机功能很齐全。
チェイ　ガ　シュー　マー　シィアン　ヂー　ゴゥン　ネン　ヘン　チー　チュアン

Zhèi ge cāo zuò fāng fǎ fēi cháng jiǎn dān.

这个操作方法非常简单。
チェイ　ガ　ツァオ　ヅゥオ　ファン　ファー　フェイ　チャン　ヂィエン　ダン

Bǎo xiū qī wǔ nián.

保修期五年。
バオ　シィウ　チー　ウー　ニィエン

Zhōng guó gè dà chéng shì dōu yǒu wéi xiū diàn.

中国各大城市都有维修店。
ヂォン　グゥオ　ガー　ダー　チェン　シー　ドウ　イヨウ　ウエイ　シィウ　ディエン

UNIT 23 炊飯器

日本製の炊飯器は大人気商品のひとつです。
しっかりアピールしましょう。

1 この炊飯器はお1人様や夫婦2人用です。

ヒント 炊飯器：**电饭煲**　　お1人様：**独身**　　〜または〜、〜や〜：**或**

2 この炊飯器は3、4人の家族用です。

ヒント 「3人から4人」と言う。　　〜から〜：**到**

3 このサイズの炊飯器は非常に実用的です。

ヒント サイズ：**型号**　　実用的な：**实用**

4 この炊飯器で作ったご飯はとても美味しいです。

ヒント （ご飯を）炊く：**焖**　　とても美味しい：**很好吃**

5 これらの家電はどれも省エネ仕様です。

ヒント 省エネ：**节能**

表現ワンポイント　　第2章　小売店フレーズ

□ **适合**：〜に合う、〜にぴったりだ
合うものはその後に置きます。「适合我。」なら「私にぴったりです」という意味です。

□ **或**：〜または〜、〜もしくは〜
2つの人・物の間に置いて使います。

Zhèi ge diàn fàn bāo shì hé dú shēn huò fū qī liǎng rén de jiā tíng yòng.
这个电饭煲适合独身或夫妻两人的家庭用。

Zhèi ge diàn fàn bāo shì hé sān dào sì rén de jiā tíng yòng.
这个电饭煲适合三到四人的家庭用。

Zhèi ge xíng hào de diàn fàn bāo hěn shí yòng.
这个型号的电饭煲很实用。

Zhèi ge diàn fàn bāo mèn chū lai de fàn hěn hǎo chī.
这个电饭煲焖出来的饭很好吃。

Zhèi xiē jiā diàn dōu shì jié néng de.
这些家电都是节能的。

UNIT 24 時計

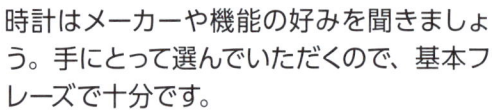

時計はメーカーや機能の好みを聞きましょう。手にとって選んでいただくので、基本フレーズで十分です。

1 どちらのメーカーをお探しですか。

ヒント 探す→買いたい　〜したい：**想**　買う：**选购**
どちら(の)：**哪家**　メーカー、ブランド：**品牌**

2 どのような機能を持ったものをお求めですか。

ヒント 持つ、備える：**具有**　機能：**功能**

3 これはユニセックス（男女兼用）です。

ヒント 兼用：**都可以用**

4 この防水機能はたいへん優れています。

ヒント 優れた：**出色**

5 これは自動巻きです。

ヒント 自動巻きの：**全自動**

表現ワンポイント　　　第2章　小売店フレーズ

- **想：〜をしたい**
  「您想+〜?」（〜したいですか）という形で、相手の意向や要望をたずねるときに使います。
- **这个：これ**
  目の前にある物を指で指したり、あるいは手に取って「これ」と言うときに使います。「これですか」と確認するときは「这个吗?」と言いましょう。

Nín xiǎng xuǎn gòu něi jiā pǐn pái?

您想选购哪家品牌？

ニィン シィアン シュアン ゴウ ネイ ヂィア ピィン パイ

Nín xiǎng xuǎn gòu jù yǒu shén me gōng néng de?

您想选购具有什么功能的？

ニィン シィアン シュアン ゴウ ヂゥイ イヨウ シェン マ ゴゥン ネン ダ

Zhèi ge nán nǚ dōu kě yǐ yòng.

这个男女都可以用。

ヂェイ ガ ナン ヌゥー ドウ カー イー イヨン

Zhèi ge fáng shuǐ xìng néng fēi cháng chū sè.

这个防水性能非常出色。

ヂェイ ガ ファン シゥイ シィン ネン フェイ チャン チゥー スァ

Zhèi shì quán zì dòng de.

这是全自动的。

ヂェイ シー チュアン ヅー ドゥン ダ

ワードバンク 9
[家電・時計①]

CD-2 9

冷蔵庫	
bīng xiāng	
冰箱	
ビン シィアン	

洗濯機	電気掃除機
xǐ yī jī	xī chén qì
洗衣机	**吸尘器**
シー イー ヂー	シー チェン チー

テレビ	液晶テレビ
diàn shì	yè jīng diàn shì
电视	**液晶电视**
ディエン シー	イエ ディン ディエン シー

DVDプレーヤー	エアコン
DVD yǐng dié jī	kōng tiáo
DVD影碟机	**空 调**
イン ディエ ヂー	クゥン ティアオ

90

空気清浄機	加湿器
kōng qì xǐ jìng qì **空气洗净器** クゥン チー シー ディン チー	jiā shī qì **加湿器** ディア シー チー

炊飯器	電子レンジ
diàn fàn bǎo **电饭煲** ディエン ファン バオ	wēi bō lú **微波炉** ウエイ ボー ルー

シェーバー	ドライヤー
tì xū dāo **剃须刀** ティー シュイ ダオ	chuī fēng jī **吹风机** チゥイ フォン ヂー

美顔器	温水洗浄便座
měi róng qì **美容器** メイ ロゥン チー	wēn shuǐ zuò biàn qì **温水座便器** ウエン シゥイ ヅゥオ ビィエン チー

第2章 小売店フレーズ

ワードバンク⑩
[家電・時計②]

パソコン
diàn nǎo
电脑
ディエン ナオ

ノートパソコン
bǐ jì běn diàn nǎo
笔记本电脑
ビー ヂー ベン ディエン ナオ

タブレット
píng bǎn diàn nǎo
平板电脑
ピィン バン ディエン ナオ

スマホ
zhì néng shǒu jī
智能手机
ヂー ネン シォウ ヂー

ゲーム機
yóu xì jī
游戏机
イヨウ シー ヂー

デジカメ
shù mǎ xiàng jī
数码相机
シュー マー シィアン ヂー

一眼レフ
dān jìng tóu fǎn guāng shì
单镜头反光式
ダン ヂィン トウ ファングゥアンシー

交換レンズ
jiāo huàn jìng tóu
交换镜头
チィアオ ホゥアン ヂィン トゥ

ビデオカメラ
shè xiàng jī
摄象机
シァー シィアン ヂー

電子辞書
diàn zǐ cí diǎn
电子辞典
ディエン ヅー ツー ディエン

ヘッドホン
ěr jī
耳机
アル ヂー

腕時計
shǒu biǎo
手表
シォウ ビィアオ

スイス製
ruì shì zhì zào
瑞士制造
ルゥイ シー ヂー ヅァオ

置き時計
zuò zhōng
座钟
ヅゥオ ヂォン

スマートウォッチ
zhì néng shǒu biǎo
智能手表
ヂー ネン シォウ ビィアオ

ワードバンク 11
[家電ブランド]

パナソニック

sōng xià

松下

ソン シィア

日立

rì lì

日立

リー リー

シャープ

xià pǔ

夏普

シィア プゥー

富士通

fù shì tōng

富士通

フゥー シー トゥン

東芝

dōng zhī

东芝

ドゥン ヂー

ソニー

suǒ ní

索尼

スゥオ ニー

キヤノン

jiā néng

佳能

ヂィア ネン

ニコン	オリンパス
ní kāng	ào lín bā sī
尼康	奥林巴斯
ニー カン	アオ リン バー スー

富士フイルム	ライカ
fù shì jiāo piàn	lái kǎ
富士胶片	徕卡
フゥー シー ディアオ ピィエン	ライ カー

タイガー	象印
hǔ	xiàng yìn
虎	象印
ホゥー	シィアン イン

アップル	サムスン
píng guǒ	sān xīng
苹果	三星
ピィン グゥオ	サン シィン

UNIT 25 化粧品①

女性には日本の化粧品は大人気です。
製品名を覚えて紹介しましょう。

1 この口紅は秋限定品です。
ヒント 口紅：**口红**　限定する：**仅限**　製品：**产品**

2 （お客様）美白パックはありますか。
ヒント 美白パック：**美白面膜**

3 ございます。こちらです。
ヒント こちら：**在这边**

4 この色の口紅はお客様にお似合いだと思います。
ヒント 似合う：**适合**　色：**颜色**

5 このナイトクリームは肌を修復する効果があります。
ヒント ナイトクリーム：**晚霜**　修復する：**恢复**　肌：**皮肤**

表現ワンポイント 　　　　　第2章　小売店フレーズ

- **在这边**：こちらへ
  お客さんに売り場などを案内するときに使う言葉です。「这边请。」（こちらへどうぞ）と言うこともできます。
- **颜色**：色
  日本語の「顔色」ではなく、ただの「色」という意味です。「口红的颜色」（口紅の色）。「〜＋的＋颜色」という形を覚えておきましょう。

Zhèi ge kǒu hóng shì jǐn xiàn qiū jì de chǎn pǐn.

这个口红是仅限秋季的产品。

チェイ　ガ　コウ　ホン　シー　ディン　シィエン　チィウ　ヂー　ダ　チャン　ピィン

Yǒu měi bái miàn mó ma?

有美白面膜吗？

イヨウ　メイ　バイ　ミィエン　モー　マ

Yǒu, zài zhèi biān.

有，在这边。

イヨウ　ヅァイ　ヂェイ　ビィエン

Wǒ kàn nín shì hé yòng zhèi ge yán sè de kǒu hóng.

我看您适合用这个颜色的口红。

ウオ　カン　ニィン　シー　ハー　イヨン　ヂェイ　ガ　イエン　スァ　ダ　コウ　ホン

Zhèi ge wǎn shuāng yǒu huī fù pí fū de gōng néng.

这个晚霜有恢复皮肤的功能。

ヂェイ　ガ　ウアン　シゥアン　イヨウ　ホゥイ　フゥー　ピー　フゥー　ダ　ゴゥン　ネン

97

UNIT 26 化粧品②

化粧品の効能を説明するフレーズも練習しておきましょう。

1 私どもの化粧品はすべて無添加です。

ヒント 化粧品：**化妆品**　　無添加：**无添加**

2 この化粧品は日本の特許を取ったものです。

ヒント 取得した：**拿到了**　　特許：**专利**

3 この化粧品はお肌への刺激がありません。

ヒント 刺激する：**刺激**

4 高い保湿効果が期待できます。

ヒント 期待できる→抜群である：**可观**

5 中国のような乾燥地域に向いています。

ヒント 向いている：**适合**　　（気候が）乾燥した：**气候干燥**

表現ワンポイント 　　　　　　　　　　第2章　小売店フレーズ

□ **可观**：(効果や成果などが) 絶大である、抜群である
　化粧品、家電製品、食べ物、温泉などを紹介するときに積極的に使ってみましょう。「〜+非常可观」(〜は効果抜群です) というフレーズを覚えておくと便利です。

Wǒ men de huà zhuāng pǐn dōu shì wú tiān jiā de.
我们的化妆品都是无添加的。

Zhèi ge huà zhuāng pǐn ná dào le Rì běn de zhuān lì.
这个化妆品拿到了日本的专利。

Zhèi ge huà zhuāng pǐn bú cì jī pí fū.
这个化妆品不刺激皮肤。

Bǎo shī xiào guǒ fēi cháng kě guān.
保湿效果非常可观。

Shì hé zài qì hòu gān zào dì qū shǐ yòng.
适合在气候干燥地区使用。

ワードバンク 12
[化粧品 ①]

化粧水

huà zhuāng shuǐ

化妆水

ホゥア チゥアン シゥイ

乳液

rǔ yè

乳液

ルゥー イエ

美容液

měi róng yè

美容液

メイ ロゥン イエ

保湿クリーム

bǎo shī shuāng

保湿霜

バオ シー シゥアン

下地クリーム

gé lí shuāng

隔离霜

ガー リー シゥアン

ファンデーション

fěn dǐ shuāng

粉底霜

フェン ディー シゥアン

クレンジング

jié miàn gāo

洁面膏

ヂィエ ミィエン ガオ

洗顔料	チーク
xǐ miàn nǎi	sāi hóng
洗面奶	**腮红**
シー ミィエン ナイ	サイ ホン

アイシャドウ	アイブロウ
yǎn yǐng	méi bǐ
眼影	**眉笔**
イエン イン	メイ ビー

アイライナー	マスカラ
yǎn xiàn	jié máo gāo
眼线	**睫毛膏**
イエン シィエン	ヂィエ マオ ガオ

口紅	リップクリーム
kǒu hóng	chún gāo
口红	**唇膏**
コウ ホン	チゥン ガオ

101

ワードバンク 13
[化粧品②]

パック
miàn mó
面膜
ミィエン モー

ビューラー
jié máo jiā
睫毛夹
ディエ マオ ディア

マニキュア
zhǐ jia yóu
指甲油
ヂー ディア イヨウ

日焼け止めクリーム
fáng shài shuāng
防晒霜
ファン シァイ シゥアン

フェースパウダー
xiāng fěn
香粉
シィアン フェン

除光液
xǐ jiǎ shuǐ
洗甲水
シー ディア シゥイ

香水
xiāng shuǐ
香水
シィアン シゥイ

資生堂	カネボウ
zī shēng táng	jiā lì bǎo
资生堂	**佳丽宝**
ヅー ション タン	ディア リー バオ

花王	コーセー
huā wáng	gāo sī
花王	**高丝**
ホゥア ウアン	ガオ スー

エスティローダー	クリニーク
yǎ shī lán dài	qiàn bì
雅诗兰黛	**倩碧**
ヤー シー ラン ダイ	チィエン ビー

ランコム	ロレアル
lán kòu	ōu lái yǎ
兰蔻	**欧莱雅**
ラン コウ	オウ ライ ヤー

UNIT 27 コンビニ・スーパー

コンビニやスーパーで使う基本フレーズです。売り場への案内や簡単なサービスができるようにしましょう。

CD-1 27

1 電子レンジでお弁当を温めましょうか。

ヒント お弁当：**盒饭**　電子レンジ：**微波炉**　温める：**热**

2 ご試食なさってみてください。

ヒント 試食する、食べてみる：**尝一尝**

3 梅酒は日本の特産品です。

ヒント 特産：**特产**

4 イチゴは右奥にあります。

ヒント イチゴ：**草莓**　奥：**里面**　右寄りにある：**靠右边**

5 それは7番の売り場にあります。

ヒント 売り場：**通道**　ある、置いてある：**摆着**

104

第2章 小売店フレーズ

表現ワンポイント

□ **〜一〜**：ちょっと〜してみる
中国語のごく一部の動詞は「動詞＋一＋動詞」という形で「ちょっと〜をしてみる」という意味で、特に会話のときによく使います。「尝一尝」は（ちょっと味見してみてください）という意味です。

□ **靠**：〜寄り、〜側に
「靠＋〜」という形で使います。「靠左边」(左側に)、「靠前边」(前のほうに)

Hé fàn yào yòng wēi bō lú rè yí xià ma?
盒饭要用微波炉热一下吗？
ハー ファン ヤオ イヨン ウエイ ボー ルー ラー イー シィア マ

Nín cháng yi cháng.
您尝一尝。
ニィン チャン イ チャン

Méi jiǔ shì Rì běn de tè chǎn.
梅酒是日本的特产。
メイ ディウ シー リー ベン ダ タァー チャン

Cǎo méi zài lǐ mian kào yòu biān.
草莓在里面靠右边。
ツァオ メイ ヅァイ リー ミィエン カオ イヨウ ビィエン

Zhèi ge zài qī hào tōng dào li bǎi zhe.
这个在七号通道里摆着。
ヂェイ ガ ヅァイ チー ハオ トゥン ダオ リ バイ ヂァ

105

ワードバンク 14
[コンビニ商品]

カップ麺

bēi zhuāng fāng biàn miàn
杯装方便面
ベイ ヂュアン ファン ピィエン ミィエン

サンドイッチ

sān míng zhì
三明治
サン ミィン デー

おにぎり

fàn tuán
饭团
ファン トゥアン

弁当

hé fàn
盒饭
ハー ファン

チョコレート

qiǎo kè lì
巧克力
チィアオ カー リー

ポテトチップス

zhá shǔ piàn
炸薯片
ヂャー シュー ピィエン

アイスクリーム

bīng jī líng
冰激凌
ビン ヂー リン

ティッシュ zhǐ jīn # 纸巾 デー　ヂン	ウェットティッシュ shī zhǐ jīn # 湿纸巾 シー　デー　ヂン
充電器 chōng diàn qì # 充电器 チォン ディエン チー	ライター dǎ huǒ jī # 打火机 ダー ホゥオ デー
折りたたみ傘 zhé dié sǎn # 折叠伞 ヂァー ディエ サン	かっぱ yǔ yī # 雨衣 ユイ　イー
マスク kǒu zhào # 口罩 コウ　ヂャオ	カイロ nuǎn shēn bǎo # 暖身宝 ヌゥアン シェン バオ

ワードバンク 15
[フルーツ]

CD-2 15

リンゴ
píng guǒ
苹果
ピィン グゥオ

ミカン	オレンジ
jú zi	chéng zi
橘子	**橙子**
デュイ ヅ	チェン ヅ

イチゴ	ナシ
cǎo méi	lí
草莓	**梨**
ツァオ メイ	リー

ブドウ	桃
pú tao	táo
葡萄	**桃**
プゥー タオ	タオ

スイカ	メロン
xī guā	tián guā
西瓜	**甜瓜**
シー グゥア	チィエン グゥア

パイナップル	バナナ
bō luó	xiāng jiāo
波萝	**香蕉**
ボー ルオ	シィアン ディアオ

柿	マンゴー
shì zi	máng guǒ
柿子	**芒果**
シー ヅ	マン グゥオ

キウイ	サクランボ
mí hóu táo	yīng tao
猕猴桃	**樱桃**
ミー ホウ タオ	イン タオ

第2章 小売店フレーズ

UNIT 28 ドラッグストア

薬やサプリは効能を説明するのが基本です。
簡単なフレーズで製品を紹介しましょう。

1 アレルギーをお持ちですか。

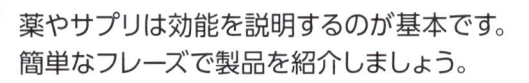

ヒント アレルギー（の症歴）：**过敏史**

2 このドリンクは血圧を下げる効果があります。

ヒント 血圧を下げる：**降压**

3 これは血糖値を下げる薬です。

ヒント 血糖値を下げる：**降血糖**

4 これはダイエット茶です。

ヒント ダイエット、やせる：**减肥**

5 これらはすべて風邪薬です。

ヒント すべて〜です：**都是**　　風邪薬：**感冒药**

表現ワンポイント　　第2章　小売店フレーズ

□ 这些：**これら**

「这」は「これ」という意味で、1つの物を指すときに使うのに対して、「这些」は「これら」という意味で、2つ以上の物を指すときに使います。この場合、「都」と一緒に使うことが多いので、「这些都」とセットで覚えておくと使いやすいでしょう。「这些都是＋〜。」（これらは全部〜です）

Nín yǒu guò mǐn shǐ ma?

您有过敏史吗？

ニィン イヨウ グゥオ ミィン シー　マ

Zhèi ge yǐn liào yǒu jiàng yā de zuò yòng.

这个饮料有降压的作用。

チェイ　ガ　イン　リィアオ イヨウ ディアン ヤー　ダ　ヅゥオ イヨン

Zhèi shì jiàng xuè táng de yào.

这是降血糖的药。

チェイ シー ディアン シュエ タン　ダ　ヤオ

Zhèi shì jiǎn féi chá.

这是减肥茶。

チェイ シー ディエン フェイ チァー

Zhèi xiē dōu shì gǎn mào yào.

这些都是感冒药。

チェイ シィエ ドウ シー ガン マオ ヤオ

ワードバンク 16
[ドラッグストア商品]

シャンプー

xǐ fà yè

洗发液

シー ファー イエ

リンス

rùn sī

润丝

ルゥン スー

トリートメント

hù fà sù

护发素

ホゥ ファー スゥー

ハンドクリーム

cā shǒu yóu

擦手油

ツァー シォウ イヨウ

シェービングクリーム

tì xū gāo

剃须膏

ティーシュイ ガオ

歯ブラシ

yá shuā

牙刷

ヤー シゥア

歯磨き

yá gāo

牙膏

ヤー ガオ

112

石けん	コンタクトレンズ
xiāng zào **香皂** シィアン ヅァオ	yǐn xíng yǎn jìng **隐形眼镜** イン シィン イエン ディン
爪切り	風邪薬
zhǐ jia dāo **指甲刀** ヂー ディア ダオ	gǎn mào yào **感冒药** ガン マオ ヤオ
痛み止め	胃腸薬
zhǐ téng yào **止疼药** ヂー テン ヤオ	cháng wèi yào **肠胃药** チャン ウエイ ヤオ
ビタミン剤	生理用品
wéi shēng sù piàn **维生素片** ウエイ ション スゥー ピィエン	fù nǚ yòng pǐn **妇女用品** フゥー ヌゥー イヨン ピィン

UNIT 29 お土産

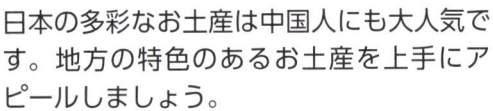

日本の多彩なお土産は中国人にも大人気です。地方の特色のあるお土産を上手にアピールしましょう。

1 （お客様）
日本の特徴のあるお土産がほしいです。

ヒント 特徴：**特色**　お土産：**礼品**

2 ご予算はいくらですか。

ヒント 予算：**預算**　いくら：**多少**

3 富士山とお寿司の形をしたキーホルダーをお勧めします。

ヒント （あなたに）お勧めする：**向您推荐**　～の形：**形状的**
キーホルダー：**钥匙链**

4 着物の布からできているカバンは人気があります。

ヒント 布：**布料**　できている→つくる：**做**　カバン：**包**
人気がある：**受欢迎**

5 これは安いし、軽いし、かさばらないし、お土産としては最適です。

ヒント 安い：**便宜**　軽い：**轻**　かさばらない：**不占地儿**
～として：**作为**　最適だ：**再好不过了**

表現ワンポイント

第2章　小売店フレーズ

□ **多少？**：**いくつ？**
　　数をたずねるときに使う疑問詞で、単独で使うこともできますし、「多少＋人・物」という形で使うこともできます。「多少人？」（何人？）、「多少钱？」（いくら？）

Wǒ xiǎng mǎi yǒu Rì běn tè sè de lǐ pǐn.
我想买有日本特色的礼品。
ウオ　シィアン　マイ　イヨウ　リー　ベン　タァー　スァ　ダ　リー　ピィン

Nín de yù suàn shì duō shao?
您的预算是**多少？**
ニィン　ダ　ユイ　スゥアン　シー　ドゥオ シァオ

Xiàng nín tuī jiàn Fù shì shān hé shòu sī
向您推荐富士山和寿司
シィアンニィン トゥイ ディエンフゥー　シー　シァン　ハー　シォウ　スー
xíng zhuàng de yào shi liàn.
形状的钥匙链。
シィンヂゥアン　ダ　ヤオ　シ　リィエン

Yòng hé fú de bù liào zuò de bāo hěn shòu huān yíng.
用和服的布料做的包很受欢迎。
イヨン　ハー　フゥー　ダ　ブー　リィアオヅゥオ　ダ　バオ　ヘン　シォウ ホゥアン イン

Zhèi ge yòu pián yi,　yòu qīng,　yòu bú zhàn dìr,
这个又便宜、又轻、又不占地儿、
チェイ　ガ　イヨウピィエン　イ　　イヨウチィン　イヨウ ブー チャン　ディール
zuò wéi lǐ pǐn zài hǎo bu guò le.
作为礼品再好不过了。
ヅゥオ ウエイ リー ピィン ヅァイ ハオ　ブ　グゥオ　ラ

115

ワードバンク 17
[お土産物]

CD-2 / 17

お菓子

gāo diǎn

糕点

ガオ ディエン

地酒

tǔ chǎn jiǔ

土产酒

トゥー チャン ディウ

陶器

táo cí

陶瓷

タオ ツー

日本茶

lǜ chá

绿茶

リュイ チァー

タバコ

yān

烟

イエン

扇子

shàn zi

扇子

シァン ヅ

うちわ

tuán shàn

团扇

トゥアン シァン

人形	タオル
wán jù wá wa	máo jīn
玩具娃娃	**毛巾**
ウアン デュイ ワー ワ	マオ ヂン

入浴剤	文房具
wēn quán jīng	wén jù
温泉精	**文具**
ウエン チュアン ヂィン	ウエン デュイ

雑誌	漫画
zá zhì	màn huà
杂志	**漫画**
ザー ヂー	マン ホゥア

絵はがき	ご当地キャラ
míng xìn piàn	dāng dì jí xiáng wù
明信片	**当地吉祥物**
ミィン シィン ピィエン	ダン ディー ヂー シィアン ウー

Column 2 買ってもらうためのセールストーク

中国人は面子（メンツ）を重視しますが、それは買い物にも反映されます。他の人が持っている物は自分も持ちたい。他の人が持っていない物を自分だけ持っているなら、なお嬉しい。また、それを友人や職場の同僚に自慢したくてしようがないのです。

中国人観光客のこうした心理に働きかけるセールストークを紹介しますので、ぜひ活用してください

●これは人気ナンバーワンです。

Zhèi ge zuì yǒu rén qì.

这个最有人气。

チェイ ガ ヅゥイ イヨウ レン チー

●これは一番の売れ行きです。

Zhèi ge zuì chàng xiāo.

这个最畅销。

チェイ ガ ヅゥイ チャン シィアオ

●これは最新の商品です。

Zhèi shì zuì xīn chǎn pǐn.

这是最新产品。

チェイ シー ヅゥイ シィン チャン ピィン

●これはすべての機能を備えています。

Zhèi ge gōng néng qí quán.

这个功能齐全。

チェイ ガ ゴゥン ネン チー チュアン

●これは今年の限定品です。

Zhèi shì zhǐ xiàn jīn nián de chǎn pǐn.

这是只限今年的产品。

チェイ シー ヂー シィエン ヂン ニィエン ダ チャン ピィン

第3章

飲食店フレーズ

お客様に食事を楽しんでいただくための
基本フレーズです。
料理やお酒の品目を組み込んで
上手に話しましょう。

UNIT 30 CD1-30
▼
UNIT 37 CD1-37

ワードバンク 18 CD2-18
▼
ワードバンク 22 CD2-22

UNIT 30 テーブルに案内する

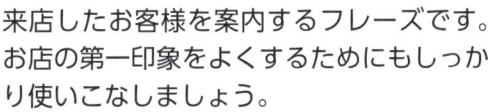

来店したお客様を案内するフレーズです。お店の第一印象をよくするためにもしっかり使いこなしましょう。

1 何名様でしょうか。

ヒント 何名様：**几位**

2 お好きな席へどうぞ。

ヒント お好きに：**随便**

3 すぐにテーブルをご用意します。

ヒント Aを〜する：**把A〜**　　テーブル：**桌子**　　用意する：**收拾好**

4 こちらのお席でよろしいでしょうか。

ヒント 席：**座位**　　よろしい：**可以**

5 すぐに子供用の椅子をお持ちします。

ヒント すぐに：**马上**　　子供用の椅子：**儿童坐椅**　　持ってくる：**拿来**

表現ワンポイント　　　第3章　飲食店フレーズ

□ **几位？**：**何名様？**
目上の人やお客様の人数をたずねるときに使う疑問詞で、「何名様？」という意味です。単独で使うこともできます。応答は「数字＋位」という形になります。

Nín jǐ wèi?
您几位？

Qǐng suí biàn jiù zuò.
请随便就坐。

Wǒ mǎ shàng bǎ zhuō zi shōu shi hǎo.
我马上把桌子收拾好。

Zhèi ge zuò wèi kě yǐ ma?
这个座位可以吗？

Wǒ mǎ shàng bǎ ér tóng zuò yǐ ná lai.
我马上把儿童坐椅拿来。

UNIT 31 注文をとるまで

お客様をテーブルに案内したあと、メニューを見せて注文をとるまでの一連のフレーズを練習しましょう。

CD-1 31

☐☐ **1 お荷物はここにお入れください。**

ヒント 荷物：**行李**　　入れる、置く：**放在**

☐☐ **2 こちらがメニューです。**

ヒント メニュー：**菜譜**

☐☐ **3 お決まりになりましたらお知らせください。**

ヒント 決める：**選好**　　知らせる：**告訴**

☐☐ **4 （ご注文は）お決まりでしょうか。**

☐☐ **5 何になさいますか。**

ヒント 「何を注文しますか」と言う。　注文する：**要**

表現ワンポイント

第3章　飲食店フレーズ

- □ **放在**：置く
  物をある場所に「置く」という意味です。置く場所を後に続けて、「放在＋場所」という語順になります。「请把＋物＋放在这儿」というフレーズを覚えておいて、いろいろな物に置き換えて使ってみましょう。
- □ **告诉**：知らせる、教える
  日本語の意味とまったく異なるので、誤解しないように。

Qǐng bǎ xíng li fàng zài zhèr.

请把行李放在这儿。

チィン　バー　シィン　リ　ファンヅァイ　ヂァール

Zhèi shì cài pǔ.

这是菜谱。

ヂェイ　シー　ツァイ プゥー

Nín xuǎn hǎo le jiù gào su wǒ men.

您选好了就告诉我们。

ニィン シュアン ハオ　ラ　ヂィウ ガオ スゥー ウオ メン

Nín xuǎn hǎo le ma?

您选好了吗？

ニィン シュアン ハオ　ラ　マ

Nín yào diǎnr shén me?

您要点儿什么？

ニィン　ヤオ　ディアル　シェン　マ

123

UNIT 32 料理を勧める

お客様の要望にしたがって、自信のある料理を勧めましょう。アレルギーについて聞くフレーズも知っておきましょう。

1 （お客様）この店のお勧めは何ですか。

ヒント 「ここでは何が一番おいしいか」と言う。　一番おいしい：**最好吃**

2 これは当店の自慢料理です。

ヒント 自慢料理：**拿手菜**

3 野菜はすべて有機栽培のものです。

ヒント 野菜：**蔬菜**　有機栽培：**有机**

4 こちらが本日のスペシャルメニューです。

ヒント 本日：**今天**　スペシャルメニュー：**特价菜**

5 何か食べ物にアレルギーはお持ちですか。

ヒント ～に（対して）：**对**　食べ物：**食品**　アレルギーがある：**过敏**

表現ワンポイント　　第3章　飲食店フレーズ

- 菜：料理、おかず
  「野菜」の意味もありますが、「料理、おかず」の意味としても使われます。「日本菜」（日本料理）、「中国菜」（中華料理）、「什么菜？」（どんなおかず？）
- 对：〜に対して
  「对+〜」という語順で使います。

Nǐ men zhèr shén me zuì hǎo chī?

你们这儿什么最好吃？

ニイ　メン　ヂァール　シェン　マ　ヅゥイ　ハオ　チー

Zhèi shì běn diàn de ná shǒu cài.

这是本店的拿手菜。

チェイ　シー　ベン　ディエン　ダ　ナー　シォウ　ツァイ

Shū cài dōu shì yǒu jī de.

蔬菜都是有机的。

シュー　ツァイ　ドウ　シー　イヨウ　ヂー　ダ

Zhèi shì jīn tiān de tè jià cài.

这是今天的特价菜。

チェイ　シー　ディン　ティエン　ダ　タァー　ディア　ツァイ

Nín duì shén me shí pǐn guò mǐn?

您对什么食品过敏？

ニィン　ドゥイ　シェン　マ　シー　ピィン　グゥオ　ミィン

UNIT 33 サーブする

お客様に料理を出すときのフレーズを練習しましょう。ちょっとした心づかいを忘れずに。

CD-1 33

1 料理をお持ちしました。

ヒント 料理を出す：**上菜**

2 お皿が熱いので、お気をつけください。

ヒント 皿：**盘子**　熱い：**烫**　気をつけて：**小心**

3 ご注文は以上でしょうか。

ヒント 注文する：**点**　料理：**菜**　以上である：**都齐了**

4 ゆっくりお楽しみください。

ヒント ゆっくり楽しむ：**慢用**

5 かしこまりました。すぐにお持ちいたします。

ヒント かしこまりました：**知道了**　持ってくる：**拿来**

表現ワンポイント　　第3章　飲食店フレーズ

☐ **小心**：気をつけて
相手への心づかいを表す言葉です。単独でも使いますが、「～に気をつけてほしい」と言うときは、「小心＋～」という形になります。「小心盘子烫。」（お皿が熱いので気をつけてください）

☐ **点**：取る、注文する、数える
「点菜」は「料理を注文する」という意味です。

Shàng cài le.

上菜了。

シァン ツァイ ラ

Pán zi yǒu diǎnr tàng, xiǎo xīn.

盘子有点儿烫、小心。

パン ヅ イヨウ ディアル タン シィアオシィン

Nín diǎn de cài dōu qí le.

您点的菜都齐了。

ニィン ディエン ダ ツァイ ドウ チー ラ

Nín màn yòng.

您慢用。

ニィン マン イヨン

Zhī dào le, wǒ mǎ shàng jiù ná lai.

知道了、我马上就拿来。

ヂー ダオ ラ ウオ マー シァン ヂィウ ナー ライ

ワードバンク 18
[味覚]

甘い tián **甜** ティエン

辛い là **辣** ラー	苦い kǔ **苦** クゥー
塩辛い xián **咸** シィエン	すっぱい suān **酸** スゥアン
あっさりした qīng dàn **清淡** チィン ダン	こってりした yóu nì **油腻** イヨウ ニー

おいしい（食べ物）	おいしい（飲み物）
hǎo chī **好吃** ハオ　チー	hǎo hē **好喝** ハオ　ハー
まずい（食べ物）	まずい（飲み物）
nán chī **难吃** ナン　チー	nán hē **难喝** ナン　ハー
まあまあ	すばらしい
yì bān **一般** イー　バン	tài bàng le **太棒了** タイ　バン　ラ
熱い	冷たい
tàng **烫** タン	liáng **凉** リィアン

UNIT 34 お寿司

寿司店では特有のフレーズが必要です。
基本的なものを知っておきましょう。

1 どうぞお好きなお寿司をお取りください。

ヒント お好きな→食べたい：**想吃**　　どれ：**哪个**　　取る：**拿**

2 マグロは今が旬です。

ヒント マグロ：**金枪鱼**　　旬→一番おいしい季節：**最好吃的季节**

3 価格はお皿の色によって決まります。

ヒント 価格：**价钱**　　〜による：**按**　　皿の色：**盘子的颜色**

4 酢漬けのショウガと日本茶は無料です。

ヒント 酢漬けのショウガ：**醋淹的生姜**　　無料である：**免费**

5 お会計はレジでお願いいたします。

ヒント 「レジに行って支払ってください」と言う。
　　レジ：**收银台**　　支払う：**付款**

表現ワンポイント　　　第3章　飲食店フレーズ

□ **哪个**：どれ？
　「哪个」が物を指すときは「どれ？」という意味です。「你买哪个？」（どれをお求めですか）。フレーズ1の「您想吃哪个就拿哪个。」を直訳すると、「どれが食べたいのか、それをお取りください」。2つの「哪个」は同じものを指します。

□ **免费**：無料である
　「免费吗？」（無料ですか）、「免费。」（無料です）、「不免费。」（有料です）

Nín xiǎng chī něi ge jiù ná něi ge.

您想吃哪个就拿哪个。

ニィン シィアン チー ネイ ガ ディウ ナー ネイ ガ

Xiàn zài shì jīn qiāng yú zuì hǎo chī de jì jié.

现在是金枪鱼最好吃的季节。

シィエン ヅァイ シー ヂン チィアン ユイ ヅゥイ ハオ チー ダ ヂー ヂィエ

Jià qián àn pán zi de yán sè dìng.

价钱按盘子的颜色定。

ヂィア チィエン アン パン ヅ ダ イエン スァ ディン

Cù yān de shēng jiāng hé rì běn chá miǎn fèi.

醋淹的生姜和日本茶免费。

ツゥー イエン ダ シェン ヂィアン ハー リー ベン チァー ミィエン フェイ

Qǐng dào shōu yín tái fù kuǎn.

请到收银台付款。

チィン ダオ シォウ イン タイ フゥー クゥアン

131

ワードバンク 19
[お寿司]

にぎり
wò shòu sī
握寿司
ウオ シォウ スー

ちらし
sǎn shòu sī
散寿司
サン シォウ スー

大トロ
dà féi jīn qiāng yú
大肥金枪鱼
ダー フェイ ヂン チィアン ユイ

トロ
féi jīn qiāng yú
肥金枪鱼
フェイ ヂン チィアン ユイ

たい
diāo yú
鲷鱼
ディアオ ユイ

いか
mò yú
墨鱼
モー ユイ

たこ
zhāng yú
章鱼
ヂャン ユイ

えび hǎi xiā **海虾** ハイ シィア	うに hǎi dǎn **海胆** ハイ ダン
サーモン sān wén yú **三文鱼** サン ウエン ユイ	いくら guī yú zǐ **鲑鱼子** グゥイ ユイ ヅー
穴子 mán yú **鳗鱼** マン ユイ	あわび bào yú **鲍鱼** バオ ユイ
卵 rì shì jiān jī dàn **日式煎鸡蛋** リー シー ヂィエン ヂー ダン	いなり寿司 yóu zhá dòu fu shòu sī **油炸豆腐寿司** イヨウ チャー ドウ フゥ シォウ スー

UNIT 35 日本の食堂

日本式の食堂には定番表現があります。
よく使うフレーズを知っておきましょう。

1 定食のメイン料理を選ぶことができます。

ヒント 定食：**套餐**　メイン料理：**主菜**　選ぶ：**选**

2 定食にはご飯、お味噌汁とデザートが付きます。

ヒント 付く：**带**　ご飯：**米饭**　味噌汁：**酱汤**　デザート：**甜点**

3 ご飯は無料でおかわりできます。

ヒント おかわりする：**续**　無料である：**免费**

4 煮魚定食がお勧めです。

ヒント 勧める：**推荐**　煮魚定食：**炖鱼套餐**

5 てんぷら定食はとてもおいしいですよ。

ヒント てんぷら定食：**天麸罗套餐**　おいしい：**味道很好**

表現ワンポイント　　　第3章　飲食店フレーズ

- [ ] **带：〜が付く**
  「带」は「〜付き」という意味で、「带＋物・事柄」という形で使います。
  「带米饭」（ご飯付き）、「带饮料」（ドリンク付き）、「带观光」（観光付き）。
- [ ] **味道：(食べ物の) 味**
  食事を終えたお客さんに対して、「味道好吗？」（お味はいかがでしたか）とたずねてみましょう。

Tào cān li de zhǔ cài kě yǐ xuǎn.

▶ **套餐里的主菜可以选。**

タオ　ツァン　リ　ダ　ヂューツァイ　カー　イー　シュアン

Tào cān li dōu dài mǐ fàn, jiàng tāng hé tián diǎn.

▶ **套餐里都带米饭、酱汤和甜点。**

タオ　ツァン　リ　ドウ　ダイ　ミー　ファン　ヂィアンタン　ハー　ティエンディエン

Mǐ fàn kě yǐ xù.　　Miǎn fèi.

▶ **米饭可以续。免费。**

ミー　ファン　カー　イー　シュイ　ミィエン　フェイ

Wǒ gěi nín tuī jiàn dùn yú tào cān.

▶ **我给您推荐炖鱼套餐。**

ウオ　ゲイ　ニィン　トゥイ　ヂィエン　ドゥン　ユイ　タオ　ツァン

Tiān fū luó tào cān wèi dào hěn hǎo.

▶ **天麸罗套餐味道很好。**

ティエン　フゥー　ルオ　タオ　ツァン　ウエイ　ダオ　ヘン　ハオ

135

ワードバンク 20
[日本食]

ラーメン

lā miàn
拉面
ラー ミィエン

そば

qiáo mài miàn
荞麦面
チィアオ マイ ミィエン

うどん

miàn tiáo
面条
ミィエン ティアオ

天ぷら

tiān fū luó
天麸罗
ティエン フゥー ルオ

鰻丼

mán yú gài fàn
鳗鱼盖饭
マン ユイ ガイ ファン

刺身

shēng yú piàn
生鱼片
ション ユイ ピィエン

懐石料理

rì shì jīng měi cài yáo
日式精美菜肴
リー シー ジィン メイ ツァイ ヤオ

しゃぶしゃぶ shuàn niú ròu **涮牛肉** シュアン ニィウ ロウ	すき焼き rì shì niú ròu huǒ guō **日式牛肉火锅** リー シー ニィウ ロウ ホゥオ グゥオ
とんかつ zhá zhū pái **炸猪排** ヂャー ヂゥー パイ	カレーライス gā lí fàn **咖喱饭** ガー リー ファン
おでん zá huì **杂烩** ザー ホゥイ	味噌汁 jiàng tāng **酱汤** ヂィアン タン
たこ焼き zhāng yú wán zi **章鱼丸子** ヂャン ユイ ウアン ヅ	お好み焼き shí jǐn jiān bing **什锦煎饼** シー ヂン ヂィエン ビン

UNIT 36 ファストフード

ファストフード店ではお決まりフレーズで十分対応できます。基本フレーズをしっかり覚えましょう。

1 店内でお召し上がりですか、それともお持ち帰りですか。

ヒント 店内で食べる：**在店里用餐**　～それとも～：**还是**　持ち帰る：**帯走**

2 こちらのセットはいかがですか。

ヒント セット(メニュー)：**套餐**　いかが？：**怎么样**

3 お飲み物は何にされますか。サイズは？

ヒント 飲み物：**饮料**　サイズ：**多大的**

4 こちらの番号札を持ってお席の方でお待ちください。

ヒント 持っている：**拿着**　番号札：**号牌**　席：**座位**　待つ：**等候**

5 ５番の札をお持ちのお客様、お待たせしました。

ヒント お客様：**客人**　お待たせしました：**套餐好了**

表現ワンポイント　　第3章　飲食店フレーズ

- □ **套餐**：(料理の)セット、定食
  「セットになっている料理」を指します。最近、携帯電話の「プラン」などにも使うようになりました。
- □ **怎么样？**：いかがですか
  相手に何かを勧めるときにも、感想をたずねるときにも使える便利なひと言です。「味道怎么样？」（お味はいかがですか）

Nín zài diàn li yòng cān hái shi dài zǒu?
▶ 您在店里用餐还是带走？
ニィン ヅァイ ディエン リ イヨン ツァン ハイ シ ダイ ヅォウ

Zhèi ge tào cān zěn me yàng?
▶ 这个套餐怎么样？
チェイ ガ タオ ツァン ヅェン マ ヤン

Yào shén me yǐn liào?　　Duō dà de?
▶ 要什么饮料？多大的？
ヤオ シェン マ イン リィアオ　　ドゥオ ダー ダ

Qǐng nín ná zhe zhèi ge hào pái zài zuò wèi shang děng hòu.
▶ 请您拿着这个号牌在座位上等候。
チィン ニィン ナー ヂァ チェイ ガ ハオ パイ ヅァイ ヅオ ウエイ シャン デン ホウ

Chí wǔ hào hào pái de kè rén,　nín de tào cān hǎo le.
▶ 持五号号牌的客人,您的套餐好了。
チー ウー ハオ ハオ パイ ダ カー レン　ニィン ダ タオ ツァン ハオ ラ

第3章　飲食店フレーズ

139

ワードバンク 21
[ファストフード]

ハンバーガー

hàn bǎo bāo

汉堡包

ハン バオ バオ

チーズバーガー

jí shì hàn bǎo bāo

吉士汉堡包

ヂー シー ハン バオ バオ

ホットドッグ

rè gǒu

热狗

ラー ゴウ

月見バーガー

yuè liang hàn bǎo

月亮汉堡

ユエ リィアン ハン バオ

フライドポテト

zhá shǔ tiáo

炸薯条

ヂャー シュー ティアオ

フライドチキン

zhá jī

炸鸡

ヂャー ヂー

チキンナゲット

zhá jī kuàir

炸鸡块儿

ヂャー ヂー クゥアル

シェイク năi xī **奶昔** ナイ シー	コーヒー kā fēi **咖啡** カー フェイ
コーラ kě lè **可乐** カー ラー	ケチャップ fān qié jiàng **蕃茄酱** ファン チィエ ヂィアン
マスタード jiè mo jiàng **芥末酱** ヂィエ モ ヂィアン	サラダ sè lā **色拉** スァ ラー
お持ち帰り dài zǒu **带走** ダイ ヅォウ	店内で食べる diàn li yòng **店里用** ディエン リ イヨン

第3章 飲食店フレーズ

UNIT 37 居酒屋

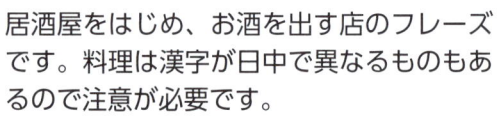

居酒屋をはじめ、お酒を出す店のフレーズです。料理は漢字が日中で異なるものもあるので注意が必要です。

1 お酒のご注文を先におうかがいします。

ヒント「先にお酒を注文していいですよ」と言う。
先に注文する：**先点**　　お酒：**酒水**

2 ビール、日本酒と焼酎があります。

ヒント ビール：**啤酒**　　焼酎：**烧酒**

3 日本酒は常温でも、熱かんにしてもいいですが、どうなさいますか。

ヒント 常温で(飲む)：**常温喝**　　熱かんにする：**加热喝**

4 当店のお刺身は新鮮ですよ。

ヒント 刺身：**生鱼片**　　新鮮な：**新鲜**

5 枝豆と鶏の唐揚げは最も人気のあるおつまみです。

ヒント 枝豆：**煮豌豆**　　鶏の唐揚げ：**炸鸡块儿**　　おつまみ：**下酒菜**

表現ワンポイント　　　　第3章　飲食店フレーズ

□ 先：**先に、まず**
複数の動作の中で、「先に」という意味を表します。「先＋動作1、然后 rán hòu ＋動作2」（先に動作1をして、それから動作2をする）という形でよく使います。

Nín kě yǐ xiān diǎn jiǔ shuǐ.
您可以先点酒水。
ニィン カー イー シィエン ディエン ヂィウ シゥイ

Yǒu pí jiǔ, rì běn jiǔ hé shāo jiǔ.
有啤酒、日本酒和烧酒。
イヨウ ピー ヂィウ　リー ベン ヂィウ ハー シァオ ヂィウ

Rì běn jiǔ kě yǐ cháng wēn hē,
日本酒可以常温喝、
リー ベン ヂィウ カー イー チャン ウエン ハー

yě kě yǐ jiā rè hē, nín xiǎng zěn me yòng?
也可以加热喝、您想怎么用？
イエ カー イー ディア ルゥー ハー　ニィン シィアンヅェン マ イヨン

Běn diàn de shēng yú piàn hěn xīn xiān.
本店的生鱼片很新鲜。
ベン ディエン ダ ション ユイ ピィエン ヘン シィン シィエン

Zhǔ wān dòu hé zhá jī kuàir shì
煮豌豆和炸鸡块儿是
ヂゥー ウアン ドウ ハー ヂャー ヂー クゥアル シー

zuì shòu huān yíng de xià jiǔ cài.
最受欢迎的下酒菜。
ヅゥイ ショウ ホゥアン イン ダ シィア ヂィウ ツァイ

143

ワードバンク22
[お酒・ソフトドリンク]

日本酒
rì běn jiǔ
日本酒
リー ベン ディウ

焼酎
shāo jiǔ
烧酒
シァオ ディウ

ウイスキー
wēi shì jì
威士忌
ウエイ シー ヂー

水割り
jiā shuǐ
加水
ヂィア シゥイ

ロック
chún yǐn
纯饮
チゥン イン

梅酒
méi zi jiǔ
梅子酒
メイ ヅ ディウ

紹興酒
shào xīng jiǔ
绍兴酒
シァオ シィン ディウ

赤ワイン hóng pú tao jiǔ **红葡萄酒** ホゥン プゥー タオ ディウ	ロゼワイン táo hóng pú tao jiǔ **桃红葡萄酒** タオ ホゥン プゥー タオ ディウ
白ワイン bái pú tao jiǔ **白葡萄酒** バイ プゥー タオ ディウ	サワー suān wèi jī wěi jiǔ **酸味鸡尾酒** スゥアン ウエイ ヂー ウエイ ディウ
カクテル jī wěi jiǔ **鸡尾酒** ヂー ウエイ ディウ	ビール pí jiǔ **啤酒** ピィー ディウ
生ビール zhā pí **扎啤** ヂャー ピィー	ミネラルウォーター kuàng quán shuǐ **矿泉水** クゥアン チュアン シゥイ

第3章 飲食店フレーズ

Column 3 日本料理についてのアドバイス

　中華料理では、たれをつけて食べるのは鍋料理や餃子くらいで、そう多くありません。例えば、ざるそばを出されたら、中国人はおつゆをそばにかけてしまうかもしれません。せっかくの料理を美味しく食べてもらうために、正しい食べ方を教えてあげたり、料理の並べ方に少し工夫をしてあげたりするといいでしょう。
　食べ方を教えるのに使えるフレーズを紹介します。

● (指さして) これをこれにつけて召し上がってください。

Zhèi ge zhàn zhèi ge chī.

这个蘸这个吃。
チェイ　ガ　ヂャンチェイ　ガ　チー

● (指さして) これをこの中に入れて召し上がってください。

Bǎ zhèi ge fàng zài zhèi lǐ mian chī.

把这个放在这里面吃。
バー　チェイ　ガ　ファン ヅァイ チェイ　リー　ミィエンチー

● (指さして) これをこの上にかけて召し上がってください。

Bǎ zhèi ge jiā zài zhèi shàng mian chī.

把这个加在这上面吃。
バー　チェイ　ガ　ヂィア ヅァイ チェイ シァン ミィエンチー

● 最初に少しだけ入れてください。

Xiān shǎo fàng yì diǎnr.

先少放一点儿。
シィエンシィアオファン　イー　ディアル

● 片手でお茶碗をおさえて、蓋を開けてください。

Yì shǒu àn zhe wǎn,　　yì shǒu xiān gàir.

一手按着碗，一手掀盖儿。
イー　シォウ　アン　ヂァ　ウアン　イー　シォウ シィエン　ガイル

第4章
ホテル・旅館フレーズ

チェックイン・チェックアウトから
サービス・施設の説明まで、
ホテルや旅館で
よく使うフレーズを紹介します。

UNIT 38 CD1-38
▼
UNIT 46 CD1-46

ワードバンク 23 CD2-23
▼
ワードバンク 25 CD2-25

UNIT 38 チェックイン

お客様のチェックイン手続きで使う言葉は決まっています。キーワードを覚えておきましょう。

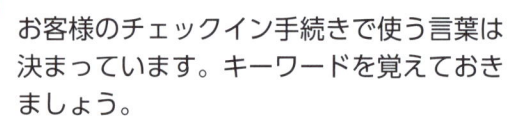

CD-1 38

1 ご予約のお客様でしょうか。

ヒント 「部屋を予約していますか」と言う。　予約する：**预订**　部屋：**房间**

2 お名前をうかがってもよろしいですか。

ヒント 「名前を教えてください」と言う。　教える：**告诉**　名前：**姓名**

3 何名様でしょうか。

ヒント 何名様？：**几位**

4 お名前と住所をご記入ください。

ヒント 記入する：**填写**　住所：**地址**

5 パスポートを見せていただけますか。

ヒント 見せる：**出示**　パスポート：**护照**

148

表現ワンポイント　　　第4章　ホテル・旅館フレーズ

- **预订**：予約する
  レストランやホテルなどの予約に使います。予約するものを続けて、「预订＋〜」という語順です。「预订房间」（部屋を予約する）
- **出示**：提示する
  運転免許証やパスポートなどを「提示する」という意味です。「请出示＋〜」（〜をお見せください）という形は口頭でも、掲示にもよく使います。

Nín yù dìng fáng jiān le ma?

您预订房间了吗？

ニィン　ユイ　ディン　ファン　ディエン　ラ　マ

Qǐng gào su wǒ nín de xìng míng.

请告诉我您的姓名。

チィン　ガオ　スゥ　ウオ　ニィン　ダ　シィン　ミィン

Nín jǐ wèi?

您几位？

ニィン　ヂー　ウエイ

Qǐng tián xiě nín de xìng míng hé dì zhǐ.

请填写您的姓名和地址。

チィン　ティエン　シィエ　ニィン　ダ　シィン　ミィン　ハー　ディー　ヂー

Qǐng chū shì nín de hù zhào.

请出示您的护照。

チィン　チゥー　シー　ニィン　ダ　ホゥ　ヂャオ

UNIT 39 部屋の要望

ホテルの部屋をお客様に選択してもらうときのフレーズです。部屋のタイプを中国語で言えるようにしておきましょう。

1 どんなタイプのお部屋をご希望ですか。

ヒント どんな：**什么样的**　　部屋：**房间**

2 （お客様）シングルルームはありますか。

ヒント シングルルーム：**单人间**

3 申し訳ございませんが、シングルルームはすべて満室です。

ヒント 満室→なくなった：**没有了**

4 ツインルームには空きがございます。

ヒント ツインルーム：**双人间**

5 禁煙室と喫煙室のどちらにされますか。

ヒント 禁煙室：**禁烟房间**　　〜または〜：**还是**　　喫煙室：**吸烟房间**

表現ワンポイント

第4章 ホテル・旅館フレーズ

- □ **没有**：ありません
  完了の「了」を付けて、「没有了」で「なくなりました」となります。
- □ **～还是～**：～または～
  2つの選択肢の中から1つを選んでもらう選択疑問文で使います。「A＋还是＋B」のように、2つの選択肢の間に置きます。

Nín yào shén me yàng de fáng jiān?

您要什么样的房间？

ニィン ヤオ シェン マ ヤン ダ ファン チィエン

Yǒu dān rén jiān ma?

有单人间吗？

イヨウ ダン レン チィエン マ

Duì bu qǐ, dān rén jiān méi yǒu le.

对不起、单人间没有了。

ドゥイ ブ チー ダン レン チィエン メイ イヨウ ラ

Yǒu shuāng rén jiān.

有双人间。

イヨウ シゥアン レン チィエン

Nín yào jìn yān fáng jiān hái shi xī yān fáng jiān?

您要禁烟房间还是吸烟房间？

ニィン ヤオ ヂン イエン ファンチィエン ハイ シ シー イエン ファン チィエン

UNIT 40 宿泊料金

料金は部屋やサービスの種類別に言えるようにしましょう。金額の言い方も、万の単位まで知っておきましょう。

1
（お客様）
シングルルームは1泊いくらですか。

ヒント 1泊：**一晩**　　いくら？：**多少钱**

2
シングルルームは1泊税込みで1万5000円でございます。

ヒント 税込みで：**含税**　　円：**日元**

3
一番安い部屋は1泊9000円でございます。

ヒント 一番安い：**最便宜**

4
夜の8時まで滞在を延長できます。

ヒント 延長する：**延长**　　～まで：**到**　　夜：**晚上**

5
3000円の追加料金で延長できます。

ヒント 「延長には3000円を別途支払う必要がある」と言う。
必要とする：**需**　　別途支払う：**另付**

表現ワンポイント　　第4章　ホテル・旅館フレーズ

□ **可以**：～をしてもいい、～ができる

「可以」は「～をしてもいい、～ができる」という許可を表します。単独でも使えます。「可以」（いいよ）、「不可以」（ダメだ）。また「可以＋動詞」という形で使うこともできます。「可以拍照」（写真撮影可能）、「不可以吸烟」（喫煙禁止）。

Dān rén jiān yì wǎn duō shao qián?

单人间一晚多少钱？

ダン　レン　ディエン　イー　ウアン　ドゥオ　シアオ　チィエン

Dān rén jiān yì wǎn hán shuì yí wàn wǔ qiān rì yuán.

单人间一晚含税15000日元。

ダン　レン　ディエン　イー　ウアン　ハン　シゥイ　イー　ウアン　ウー　チィエン　リー　ユアン

Zuì pián yi de fáng jiān yì wàn jiǔ qiān rì yuán.

最便宜的房间一晚九千日元。

ヅゥイ　ピィエン　イ　ダ　ファン　ディエン　イー　ウアン　ディウ　チィエン　リー　ユアン

Tuì fáng kě yǐ yán cháng dào wǎn shang bā diǎn.

退房**可以**延长到晚上八点。

トゥイ　ファン　カー　イー　イエン　チャン　ダオ　ウアン　シャン　バー　ディエン

Yán cháng xū lìng fù sān qiān rì yuán.

延长需另付三千日元。

イエン　チャン　シュイ　リン　フゥー　サン　チィエン　リー　ユアン

UNIT 41 時間と部屋番号

ホテルの接客では時間と数字を話すことは必須です。時間と数字(p.20参照)の基本を身につけておきましょう。

1 (お客様)
チェックインは何時からですか。

> ヒント 「何時に始まりますか」と言う。　何時？：**几点**
> 始まる：**开始**　チェックイン：**办理入住手续**

2 ## チェックインは午後3時からです。

> ヒント 午後：**下午**　～時：**点**

3 (お客様)
チェックアウトは何時までですか。

> ヒント 何時まで？：**几点之前**　チェックアウト：**办理退房手续**

4 ## チェックアウトは朝11時までです。

> ヒント 朝、午前：**上午**

5 ## お部屋は506号室です。

> ヒント 部屋：**房间**

表現ワンポイント　第４章　ホテル・旅館フレーズ

- **几点**：何時？
  時間をたずねる言い方です。「点」は「時」を表します。「几」は数字をたずねる疑問詞で、「几点？」と聞かれたら、「数字＋点」で答えます。
- **号**：番号
  「几号？」（何番？）は番号をたずねる言い方で、「数字＋号」という形で答えます。

Jǐ diǎn kāi shǐ bàn lǐ rù zhù shǒu xù?

几点开始办理入住手续？

チー　ディエン　カイ　シー　バン　リー　ルゥー　ヂゥー　シォウ　シュイ

Xià wǔ sān diǎn kāi shǐ bàn lǐ rù zhù shǒu xù.

下午三点开始办理入住手续。

シィア　ウー　サン　ディエン　カイ　シー　バン　リー　ルゥー　ヂゥー　シォウ　シュイ

Jǐ diǎn zhī qián bàn lǐ tuì fáng shǒu xù?

几点之前办理退房手续？

チー　ディエン　ヂー　チィエン　バン　リー　トゥイ　ファン　シォウ　シュイ

Shàng wǔ shí yī diǎn zhī qián bàn lǐ tuì fáng shǒu xù.

上午十一点之前办理退房手续。

シャン　ウー　シー　イー　ディエン　ヂー　チィエン　バン　リー　トゥイ　ファン　シォウ　シュイ

Nín de fáng jiān shì wǔ líng liù hào.

您的房间是５０６**号**。

ニィン　ダ　ファン　ヂィエン　シー　　ウー　リン　リウ　　ハオ

ワードバンク 23
[フロント①]

フロント

fú wù tái
服务台
フゥー ウー タイ

チェックイン

rù zhù
入住
ルゥー ヂゥー

チェックアウト

tuì fáng
退房
トゥイ ファン

チェックアウト時間

tuì fáng shí jiān
退房时间
トゥイ ファン シー ディエン

滞在延長

yán cháng zhù sù
延长住宿
イエン チャン ヂゥー スゥー

パスポート

hù zhào
护照
ホゥ ヂャオ

名前

xìng míng
姓名
シィン ミィン

予約	荷物
yù dìng **预订** ユイ ディン	xíng li **行李** シィン リ

ツイン	ダブル
shuāng rén jiān **双人间** シゥアン レン ディエン	shuāng rén chuáng jiān **双人床间** シゥアン レン チゥアン ディエン

シングル	スイート
dān rén jiān **单人间** ダン レン ディエン	tào jiān **套间** タオ ディエン

浴槽付き	カードキー
dài yù shì **带浴室** ダイ ユイ シー	fáng kǎ **房卡** ファン カー

ワードバンク24
[フロント②]

眺めがいい

guān jǐng hǎo

观景好

グゥアン ヂィン ハオ

オーシャンビュー

hǎi jǐng

海景

ハイ ヂィン

喫煙

xī yān

吸烟

シー イエン

禁煙

jìn zhǐ xī yān

禁止吸烟

ヂン ヂー シー イエン

満室

zhù mǎn

住满

ヂゥー マン

空室

kòng fáng

空房

クゥン ファン

コンシェルジュ

lǐ bīn yuán

礼宾员

リー ビン ユアン

ポーター

xíng li yuán
行李员
シィン リ ユアン

クレジットカード

xìn yòng kǎ
信用卡
シィン イヨン カー

両替

wài huì duì huàn
外汇兑换
ワイ ホゥイ ドゥイ ホゥアン

宿泊税

zhù sù shuì
住宿税
ジゥー スゥー シゥイ

消費税

xiāo fèi shuì
消费税
シィアオフェイシゥイ

チップ不要

bù shōu xiǎo fèi
不收小费
ブー ショウ シィアオ フェイ

クローク

yī mào jì cún chù
衣帽寄存处
イー マオ デー ツゥン チゥー

セーフティーボックス

bǎo xiǎn xiāng
保险箱
バオ シィエン シィアン

UNIT 42 朝食

朝食については必ず質問があるものです。お客様に対応できるように練習しておきましょう。

1 （お客様）朝食は何時からですか。

ヒント 「何時に始まりますか」と聞く。　朝食：**早餐**　始まる：**开始**

2 朝食は6時からです。

3 （お客様）朝食のレストランは何階ですか。

ヒント レストラン：**餐厅**　何階？：**在几层**

4 朝食のレストランは2階です。

5 朝食はバイキングになっております。

ヒント バイキング：**自助餐**

表現ワンポイント　　第4章　ホテル・旅館フレーズ

□ **在几层？**：何階ですか
　「层」は「階」を指します。「在几层？」と聞かれて答えるときには、「在＋数字＋层」という形にして、たとえば、「在三层。」（3階です）と言えばOKです。また、「层」の代わりに「楼 lóu」とも言います。「在几楼？」（何階ですか）、「在三楼。」（3階です）。どちらも同じように使うことができます。

Zǎo cān jǐ diǎn kāi shǐ?
早餐几点开始？
ヅァオ　ツァン　ヂー　ディエン　カイ　シー

Zǎo cān liù diǎn kāi shǐ.
早餐六点开始。
ヅァオ　ツァン　リウ　ディエン　カイ　シー

Zǎo cān de cān tīng zài jǐ céng?
早餐的餐厅在几层？
ヅァオ　ツァン　ダ　ツァン ティン ヅァイ　ヂー　ツェン

Zǎo cān de cān tīng zài èr céng.
早餐的餐厅在二层。
ヅァオ　ツァン　ダ　ツァン ティン ヅァイ　アル　ツェン

Zǎo cān shì zì zhù cān.
早餐是自助餐。
ヅァオ　ツァン　シー　ヅー　ヂューツァン

161

UNIT 43 設備を説明する

ホテルの規則や設備を説明するためのフレーズです。キーワードを覚えておきましょう。

CD-1 43

□ 1 浴衣とスリッパはお客様のお部屋だけでお願いいたします。

ヒント 浴衣：**日式睡衣**　スリッパ：**拖鞋**　身につける：**穿**

□ 2 ホテルを出て右に曲がるとコンビニがあります。

ヒント 右に曲がる：**往右拐**　コンビニ：**便利店**

□ 3 ホテル内の売店は、お土産品が充実しています。

ヒント お土産品：**礼品**　充実している→たくさん売っている：**很多～卖**

□ 4 (当ホテルでは)無料 Wi-Fi が使えます。

ヒント 無料で：**免費**　WiFi：**无线上网**

□ 5 非常口はあちらです。

ヒント 非常口：**緊急出口**　あちら：**那边**

162

表現ワンポイント　　第4章　ホテル・旅館フレーズ

- **往**：〜に（ある方向に向かって行くという方向性を示す）
  「往＋方向」という語順で「往左」（左に向かう）のように使います。「往＋方向＋拐」は「〜に曲がる」という意味です。
- **就**：肯定の意味を強調する
  「就是」という形で使うことが比較的多いです。「这个就是日本酒。」（これが日本酒です）、「他就是田中先生。」（彼が田中さんです）。

Rì shì shuì yī hé tuō xié zhǐ xiàn
日式睡衣和拖鞋只限
リー　シー　シゥイ　イー　ハー　トゥオ　シィエ　ヂー　シィエン

zài zì jǐ fáng jiān li chuān.
在自己房间里穿。
ヅァイ　ヅー　ヂー　ファン　ヂィエン　リ　チゥアン

Chū jiǔ diàn wǎng yòu guǎi jiù shì biàn lì diàn.
出酒店往右拐就是便利店。
チゥー　ヂィウ　ディエン　ウアン　イヨウ　グゥアイ　ヂィウ　シー　ビィエン　リー　ディエン

Jiǔ diàn li de shāng pǐn bù yǒu hěn duō lǐ pǐn mài.
酒店里的商品部有很多礼品卖。
ヂィウ　ディエン　リ　ダ　シァン　ピィン　ブー　イヨウ　ヘン　ドゥオ　リー　ピィン　マイ

Kě yǐ miǎn fèi shǐ yòng wú xiàn shàng wǎng.
可以免费使用无线上网。
カー　イー　ミィエン　フェイ　シー　イヨン　ウー　シィエン　シァン　ウアン

Jǐn jí chū kǒu zài nà biān.
紧急出口在那边。
ヂン　ヂー　チゥー　コウ　ヅァイ　ナー　ビィエン

ワードバンク 25
[施設・サービス]

CD-2 25

ロビー

qián tīng
前厅
チィエン チィン

温泉(スパ)

wēn quán
温泉
ウエン チュアン

ミニバー

xiǎo jiǔ bā
小酒吧
シィアオ ヂィウ バー

ティールーム

kā fēi tīng
咖啡厅
カー フェイ ティン

レストラン

cān tīng
餐厅
ツァンティン

フィットネスジム

jiàn shēn fáng
健身房
ヂィエン シェン ファン

エステティックサロン

měi róng yuàn
美容院
メイ ロゥン ユアン

164

プール	ショップ／売店
yóu yǒng chí **游泳池** イヨウ イヨン チー	shāng pǐn bù **商品部** シァン ピィン ブー

インターネット	自動販売機
hù lián wǎng **互联网** ホゥー リィエン ウアン	zì dòng shòu huò jī **自动售货机** ヅー ドゥン シォウ ホゥオ デー

ルームサービス	ランドリーサービス
kè fáng fú wù **客房服务** カー ファン フゥー ウー	xǐ yī fú wù **洗衣服务** シー イー フゥー ウー

モーニングコール
jiào zǎo **叫早** ディアオ ヅァオ

UNIT 44 温泉旅館

温泉を備えた日本式旅館では、温泉について説明する必要があります。基本フレーズを練習しておきましょう。

1 大浴場は1階と3階にあります。

ヒント 大浴場：**浴室**　階：**层**

2 1階の大浴場には露天風呂とサウナがございます。

ヒント 露天風呂：**露天浴池**　サウナ：**桑拿浴**

3 男湯と女湯に分かれています。

ヒント 男湯と女湯：**男女浴室**　分かれる：**分开**

4 大浴場にはタオルなどの洗面用具が準備されています。

ヒント 準備されている：**备有**　タオル：**毛巾**　洗面用具：**盥洗用品**

5 深夜の3時まで入浴できます。

ヒント 「入浴時間は深夜3時までです」と言う。
入浴時間：**沐浴时间**　～まで：**到**

表現ワンポイント　　第4章　ホテル・旅館フレーズ

□ 到：〜まで
　終わりの時間または最後の場所を導きます。「〜到＋時間・場所」（〜が〜までだ）という形を覚えておきましょう。「いつまでですか」とたずねるときには「到几点？」と言います。

Yù shì zài yī céng hé sān céng.
浴室在一层和三层。
ユイ　シー　ヅァイ　イー　ツェン　ハー　サン　ツェン

Yī céng de yù shì nèi yǒu lù tiān yù chí hé sāng ná yù.
一层的浴室内有露天浴池和桑拿浴。
イー　ツェン　ダ　ユイ　シー　ネイ　イヨウ　ルー　ティエン　ユイ　チー　ハー　サン　ナー　ユイ

Nán nǚ yù shì shì fēn kāi de.
男女浴室是分开的。
ナン　ヌゥー　ユイ　シー　シー　フェン　カイ　ダ

Yù shì li bèi yǒu máo jīn hé guàn xǐ yòng pǐn.
浴室里备有毛巾和盥洗用品。
ユイ　シー　リ　ベイ　イヨウ　マオ　ヂン　ハー　グゥアン　シー　イヨン　ピィン

Mù yù shí jiān dào shēn yè sān diǎn.
沐浴时间到深夜三点。
ムー　ユイ　シー　ディエン　ダオ　シェン　イエ　サン　ディエン

167

UNIT 45 温泉の効能

温泉がどんな効果があるか、お客様に説明できると大変喜ばれます。

1 この温泉は弱アルカリ性です。

ヒント アルカリ性：**碱性**

2 この温泉は美容効果があります。

ヒント 美容効果：**美容作用**

3 この温泉はリュウマチに効きます。

ヒント 「リュウマチに対して治療効果がある」と言う。
リュウマチ：**风湿病**　　治療効果：**疗效**

4 この温泉は血行を促進します。

ヒント 血行を促進する：**舒筋活血**

5 入浴の後は、お肌がすべすべして、柔らかくなりますよ。

ヒント 〜の後：**后**　肌：**皮肤**　〜また〜：**又〜又〜**　すべすべの：**滑**　柔らかい：**嫩**

表現ワンポイント　　第4章　ホテル・旅館フレーズ

- **洗温泉**：温泉に入る
  「洗」は「洗う」で、「〜を洗う」場合には、「洗+〜」という語順になります。「洗手」（手を洗う）。「洗温泉」は特別な表現で、「温泉に入る」という意味になります。

- **后**：〜の後
  「〜+后」という形で使います。

Zhèi ge wēn quán shì ruò jiǎn xìng de.

这个温泉是弱碱性的。

チェイ　ガ　ウエン チュアン シー ルゥオ ヂィエン シィン　ダ

Zhèi ge wēn quán yǒu měi róng zuò yòng.

这个温泉有美容作用。

チェイ　ガ　ウエン チュアン イヨウ メイ ロゥン ヅゥオ イヨン

Zhèi ge wēn quán duì fēng shī bìng yǒu liáo xiào.

这个温泉对风湿病有疗效。

チェイ　ガ　ウエン チュアン ドゥイ フォン シー　ビン イヨウ リィアオ シィアオ

Zhèi ge wēn quán kě yǐ shū jīn huó xuè.

这个温泉可以舒筋活血。

チェイ　ガ　ウエン チュアン カー　イー　シゥー ヂン ホゥオ シュエ

Xǐ wán wēn quán hòu, pí fū yòu huá yòu nèn.

洗完温泉后,皮肤又滑又嫩。

シー　ウアン ウエン チュアン ホウ　　ピー フゥー イヨウ ホゥア イヨウ ネン

UNIT 46 温泉旅館の食事

日本式旅館の食事のシステムはホテルと違います。お客様に説明しておく必要があります。

1 夕食はお部屋にお持ちいたします。

ヒント　Aを〜する：把 A 〜　　夕食：**晩餐**　　〜に持って行く：**送到**

2 お酒などの飲み物は別料金です。

ヒント　お酒と飲み物：**酒水**　　別料金である：**另收費**

3 朝食は和食と洋食から選ぶことができます。

ヒント　和食：**日餐**　　洋食：**西餐**　　選ぶ：**選择**

4 和食は、ご飯、焼き魚、納豆と味噌汁が付いています。

ヒント　ご飯：**米饭**　　焼き魚：**烤鱼**　　味噌汁：**酱汤**

5 夕食後、布団の準備をいたします。

ヒント　〜の準備をする：**把〜好**　　布団：**被褥**　　（布団を）敷く：**铺**

表現ワンポイント　　第4章　ホテル・旅館フレーズ

- □ **里**：〜の中
  具体的なものにも抽象的なものにも使えます。「房间里」（部屋の中）、「温泉里」（温泉の中）、「心里」（心の中）
- □ **收费**：有料である
  「有料だ」という意味ですが、前に「不」を付けて「不收费」とすれば「無料だ」という意味に変わります。

Wǒ men bǎ wǎn cān sòng dào nín de fáng jiān li qù.

我们把晚餐送到您的房间里去。

ウオ　メン　バー　ウアン ツァン　ソン　ダオ　ニィン　ダ　ファン ディエン　リ　チュイ

Jiǔ shuǐ lìng shōu fèi.

酒水另收费。

ディウ シュイ　リン　シォウ フェイ

Zǎo cān yǒu rì cān hé xī cān.　　Zì yóu xuǎn zé.

早餐有日餐和西餐。自由选择。

ヅァオ ツァン イヨウ　リー　ツァン　ハー　シー　ツァン　　ヅー　イヨウ　シュアン ヅァー

Rì cān yǒu mǐ fàn,　kǎo yú,　nà dòu hé jiàng tāng.

日餐有米饭、烤鱼、纳豆和酱汤。

リー　ツァン イヨウ　ミー　ファン　　カオ　ユイ　　ナー　ドウ　ハー　ディアン　タン

Wǎn cān hòu, wǒ men wèi nín bǎ bèi rù pū hǎo.

晚餐后，我们为您把被褥铺好。

ウアン ツァン　ホウ　　ウオ　メン　ウエイ ニィン　バー　ベイ　ルゥー　プゥー　ハオ

Column 4 温泉の入り方のアドバイス

　中国では、お湯に浸かる習慣がなく、シャワーを浴びて汗を流すのが一般的です。そのため、銭湯や温泉の入り方についてまったく知らない人がほとんどです。入浴法を教えてあげることは、施設を気持ちよく利用してもらうだけでなく、日本の伝統や習慣を知ってもらういいチャンスでもあります。
　入浴法をアドバイスするフレーズを紹介しましょう。

●お酒を飲んだ後は入浴を控えてください。

Yīn jiǔ hòu bú yào pào zǎo.

饮酒后不要泡澡。

イン ディウ ホウ ブー ヤオ パオ ヅァオ

●浴室内をきれいにするのにご協力ください。

Qǐng bǎo chí shì nèi qīng jié.

请保持室内清洁。

チィン パオ チー シー ネイ チィンディエ

●湯船の中にタオルを入れないでください。

Qǐng bú yào jiāng máo jīn fàng dào chí nèi.

请不要将毛巾放到池内。

チィン ブー ヤオ ディアン マオ ヂン ファン ダオ チー ネイ

●湯船の中で身体を洗わないでください。

Chí nèi jìn zhǐ cuō zǎo.

池内禁止搓澡。

チー ネイ ヂィン ヂー ツゥオ ヅァオ

●浴場はこちら　　　　　●すべるので注意

Zǎo táng wǎng zhèi biān zǒu.　　　　Xiǎo xīn dì huá

澡堂往这边走　　　　**小心地滑**

ヅァオ タン ウアン チェイ ビィエン ヅォウ　　シィアオ シィン ディー ホゥア

●使用したタオルはここに返却

Yòng guò de máo jīn fàng zài cǐ chù

用过的毛巾放在此处

イヨン グゥオ ダ マオ ヂン ファン ヅァイ ツー チゥー

第5章

交通機関・旅行会社フレーズ

電車・バス・タクシーなど交通機関の
スタッフが使うフレーズと
旅行会社がツアーを組むのに必須の
フレーズを紹介します。

UNIT 47	CD1-47
UNIT 56	CD1-56
ワードバンク26	CD2-26
ワードバンク32	CD2-32

UNIT 47 電車

電車の案内には、路線や乗り換え方法を伝えることが求められます。基本フレーズを練習しておきましょう。

1 新宿に行くには、山手線に乗ってください。

ヒント 〜に行く：**去**　乗る：**坐**　山手線：**山手线**

2 ここから降りて、右側の地下鉄に乗ってください。

ヒント ここから：**从这儿**　右側：**右边**　地下鉄：**地铁**

3 新幹線の乗車券はここで買えます。

ヒント 新幹線：**新干线**　乗車券：**票**　買う：**买**

4 まず千代田線に乗って、表参道で銀座線に乗り換えます。

ヒント まず：**先**

5 出口を間違えないように、しっかり覚えてください。

ヒント「くれぐれも間違えないように」と言う。　くれぐれも：**千万**
〜しないで：**别〜了**　間違える：**弄错**

表現ワンポイント　　　第 5 章　交通機関・旅行会社フレーズ

- □ **转**：乗り換える
  乗り物について使うと、「乗り換える」という意味です。「转＋乗り物」という形です。「转飞机」（飛行機を乗り継ぐ）
- □ **看好**：しっかり見る、きちんと見る
  見る対象は「看好」の前にも後ろにも置けます。「看好时间」「时间看好」はどちらも「時間をしっかり見てください」という意味です。

Qù xīn sù qǐng zuò shān shǒu xiàn.

去新宿请坐山手线。

チュイ シィン スゥー チィン ヅゥオ シァン ショウ シィエン

Cóng zhèr xià qu zuò yòu biān de dì tiě.

从这儿下去坐右边的地铁。

ツォン　ヂァール　シィア チュイ ヅゥオ イヨウ ビィエン ダ　ディー ティエ

Xīn gàn xiàn de piào kě yǐ zài zhèr mǎi.

新干线的票可以在这儿买。

シィン ガン シィエン ダ ピィアオ カー イー ヅァイ ヂァール マイ

Xiān zuò qiān dài tián xiàn, zài biǎo cān dào zhuǎn yín zuò xiàn.

先坐千代田线、在表参道转银座线。

シィエン ヅゥオ チィエン ダイ ティエン シィエン　　ヅァイ ビィアオ ツァン ダオ ヂュアン イン ヅゥオ シィエン

Chū kǒu kàn hǎo,　qiān wàn bié nòng cuò le.

出口看好、千万别弄错了。

チゥー コウ　カン　ハオ　　チィエン ウアン ビエ ノゥン ツゥオ ラ

UNIT 48 切符と運賃

発券窓口で使うフレーズを練習しましょう。
ICカードについても案内できるようにしておきましょう。

1 東京駅から京都駅までの切符は1万3910円です。

ヒント 〜から〜まで：**从〜到〜**

2 特急は別料金が必要になります。

ヒント 特急：**特快**　　別料金：**另加钱**

3 予約の変更は1回かぎり可能です。

ヒント 予約(切符)の変更：**换票**　　1回：**一次**

4 ICカードは1千円からで、デポジットが500円必要です。

ヒント ICカード：**IC卡**　　(値段が)〜からである：**起价**　　デポジット：**工本费**

5 ICカードは自動発券機でチャージできます。

ヒント 自動発券機：**自动售票机**　　チャージする：**充值**

表現ワンポイント　第5章　交通機関・旅行会社フレーズ

□ **只限**：～限りだ
「只限＋～」（～限りです）という形で使います。「只限今天。」（本日限りです）、「只限三个人。」（3人様限定です）、「只限在自己的房间。」（自分の部屋でのみお願いします）

Cóng Dōng jīng zhàn dào Jīng dū zhàn de piào jià shì
从东京站到京都站的票价是
yí wàn sān qiān jiǔ bǎi yī shí rì yuán.
1万3910日元。

Tè kuài xū yào lìng jiā qián.
特快需要另加钱。

Huàn piào zhǐ xiàn yí cì.
换票只限一次。

IC kǎ yì qiān rì yuán qǐ jià.　　Gōng běn fèi wǔ bǎi rì yuán.
IC卡1千日元起价。工本费500日元。

IC kǎ kě yǐ zài zì dòng shòu piào jī chōng zhí.
IC卡可以在自动售票机充值。

UNIT 49 バス

バス停でよく使う基本フレーズを紹介します。料金については、電車のものを参考にしてください。

1 バス停はわかりにくいので、ご案内します。

ヒント バス停：**车站**　　わかりにくい：**不好找**　　案内する：**带您去**

2 バスの路線図はこちらの壁にあります。

ヒント 路線図：**线路图**　　壁(の上)：**墙上**　　(貼って)ある：**贴着**

3 5分ほど歩けば着きます。

ヒント 〜分間：**分钟**　　着く：**到**

4 終点で降りてください。

ヒント 終点：**终点站**　　降りる：**下车**

5 乗車時間は20分です。

ヒント「20分間乗れば着きます」と言う。　乗る：**坐**

表現ワンポイント

第5章 交通機関・旅行会社フレーズ

- □ **分种**：~分間
  「数字＋分种」という語順で使います。「三十分种」（30分間）
- □ **就**：もうすぐ~する
  「就＋動詞」という形で、その動作が短い時間内に達成できるという意味を表します。「他就来。」（彼はすぐ来ます）、「饭就好。」（ご飯はすぐできあがります）。

Chē zhàn bù hǎo zhǎo, wǒ dài nín qù.
▶ 车站不好找、我带您去。
チャー ヂァン ブー ハオ ヂャオ ウオ ダイ ニィン チュイ

Xiàn lù tú zài zhèi biān qiáng shang tiē zhe.
▶ 线路图在这边墙上贴着。
シィエン ルー トゥー ヅァイ ヂェイ ビィエン チィアン シァン ティエ ヂァ

Zǒu wǔ fēn zhōng jiù dào.
▶ 走五分种就到。
ヅォウ ウー フェン ヂォン ディウ ダオ

Zài zhōng diǎn zhàn xià chē.
▶ 在终点站下车。
ヅァイ ヂォン ディエン ヂャン シィア チャー

Zuò èr shí fēn zhōng jiù dào.
▶ 坐二十分钟就到。
ヅゥオ アル シー フェン ヂォン ディウ ダオ

ワードバンク26
[交通機関①]

新幹線

Xīn gàn xiàn

新干线

シィン ガン シィエン

電車

diàn chē

电车

ディエン チァー

地下鉄

dì tiě

地铁

ディー ティエ

バス

bā shì

巴士

バー シー

長距離バス

cháng tú bā shì

长途巴士

チャン トゥー バー シー

切符売り場

shòu piào chuāng kǒu

售票窗口

シォウ ピィアオ チゥアン コウ

前売り券

yù shòu piào

预售票

ユイ シォウ ピィアオ

ネット予約	当日券
wǎng shang yù dìng **网上预订** ウアン シァン ユイ ディン	dāng tiān piào **当天票** ダン ティエン ピィアオ

変更	行き先
gēng gǎi **更改** ゲン ガイ	mù dì dì **目的地** ムー ディー ディー

出発時刻	到着時刻
chū fā shí jiān **出发时间** チゥー ファー シー ディエン	dǐ dá shí jiān **抵达时间** ディー ダー シー ディエン

切符	ICカード
chē piào **车票** チャー ピィアオ	IC kǎ **IC 卡** カー

第5章 交通機関・旅行会社フレーズ

ワードバンク27
[交通機関②]

指定席
zhǐ dìng zuò wèi
指定座位
ヂー ディン ヅゥオ ウエイ

自由席
sǎn zuò
散座
サン ヅゥオ

グリーン車
ruǎn zuò
软座
ロゥアン ヅゥオ

特急
tè kuài
特快
タァー クゥアイ

急行
kuài chē
快车
クゥアイ チャー

各駅停車
màn chē
慢车
マン チャー

窓側の席
kào chuāng zuò wèi
靠窗座位
カオ チゥアン ヅゥオ ウエイ

通路側の席	周遊券
kào guò dào zuò wèi	zhōu yóu quàn
靠过道座位	**周游券**
カオ グゥオ ダオ ヅゥオ ウエイ	ヂォウ イヨウ チュアン

１日乗車券	乗り換え
yí rì zhōu yóu quàn	huàn chéng
一日周游券	**换乘**
イー リー ヂォウ イヨウ チュアン	ホゥアン チェン

精算機	駅
jié suàn jī	chē zhàn
结算机	**车站**
ヂィエ スゥアン ヂー	チャー ヂャン

ホーム	バス停
zhàn tái	gōng jiāo chē chē zhàn
站台	**公交车车站**
ヂャン タイ	ゴゥン ディアオチャー チャー ヂャン

UNIT 50 タクシー①

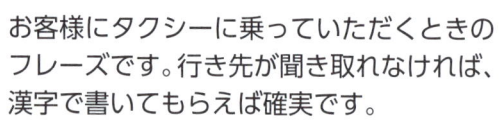

お客様にタクシーに乗っていただくときのフレーズです。行き先が聞き取れなければ、漢字で書いてもらえば確実です。

□ 1 どちらへ行かれますか。

ヒント 行く：**去**　どちら？：**哪儿**

□ 2 （お客様）浅草寺に行きたいです。

ヒント 〜したい：**想**

□ 3 どうぞ、行き先をここにお書きください。

ヒント 行き先→あなたが行くところ：**您去的地方**　書く：**写**

□ 4 （行き先の）住所をお持ちでしょうか。

ヒント 住所：**地址**

□ 5 お荷物をトランクにお入れしましょう。

ヒント 荷物：**行李**　入れる：**放到**　トランク：**后车厢里**

表現ワンポイント　　第5章　交通機関・旅行会社フレーズ

□ **哪儿：どこ？**
　場所をたずねる疑問詞で、「どこ？」という意味です。ただ、日本語では「どこ？」は単独で使えますが、中国語ではそれができません。行く場所には「去哪儿？」（どこに行きますか）、動作の場所には「在哪儿？」（どこでですか）という形になります。

Nín qù nǎr?

▶ 您去哪儿？

ニィン チュイ　ナール

Wǒ xiǎng qù qiǎn cǎo sì.

▶ 我想去浅草寺。

ウオ シィアン チュイ チィエン ツァオ スー

Qǐng bǎ nín qù de dì fang xiě zài zhèr.

▶ 请把您去的地方写在这儿。

チィン バー ニィン チュイ　ダ　ディー ファン シィエ ヅァイ　ヂァール

Nín yǒu dì zhǐ ma?

▶ 您有地址吗？

ニィン イヨウ ディー ヂー　マ

Xíng li fàng dào hòu chē xiāng li ma?

▶ 行李放到后车厢里吗？

シィン　リ　ファン ダオ　ホウ チャー シィアン　リ　マ

第5章 交通機関・旅行会社フレーズ

185

UNIT 51 タクシー②

タクシーの道中と目的地に到着したときに必要なフレーズです。

1 15分かかります。

ヒント かかる：**要**

2 浅草寺に着きました。

ヒント 着いた：**到了**

3 どこに止めましょうか。

ヒント どこに？：**在哪儿**　　止める：**停**

4 （お客様）ここで止めてください。

5 こちらがレシートです。
ご乗車ありがとうございました。

ヒント レシート、領収書：**发票**

表現ワンポイント　　第5章　交通機関・旅行会社フレーズ

□ 到了：到着した
「到」（到着する）＋「了」（動作の完了を表す）で「到着しました」と目的地に着いたことを知らせるひと言になります。「到了吗？」（着きましたか）と聞かれた場合、「到了。」（着きました）、「还没到。hái méi dào」（まだです）と答えることができます。

Yào shí wǔ fēn zhōng.
要15分钟。
ヤオ　シー ウー　フェン ヂォン

Qiǎn cǎo sì dào le.
浅草寺到了。
チィエン ツァオ　スー　ダオ　ラ

Zài nǎr tíng?
在哪儿停？
ヅァイ　　ナール　　ティン

Zài zhèr tíng.
在这儿停。
ヅァイ　　ヂァール　　ティン

Zhèi shì fā piào, xiè xie nín.
这是发票,谢谢您。
ヂェイ　シー　ファー ピィアオ　シィエ シィエ ニィン

UNIT 52 飛行機

搭乗手続きの必須フレーズを紹介します。
キーワードを上手に使いこなしましょう。

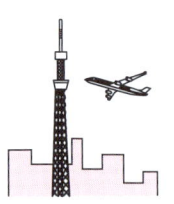

CD-1 52

1 Dカウンターで搭乗手続きをなさってください。

ヒント カウンター：**柜台**　　搭乗手続きをする：**办理登机手续**

2 自動チェックイン機はこちらです。

ヒント 自動チェックイン機：**自动检票机**

3 通路側の席と窓側の席のどちらがよろしいですか。

ヒント 通路側の席：**靠过道座位**　　窓側の席：**靠窗座位**

4 重量オーバーなので追加料金が必要です。

ヒント 重量オーバー：**行李超重**　　必要だ：**需要**　　追加料金：**另加钱**

5 3時15分までに32番ゲートにおこしください。

ヒント ～までに：**以前**　　来る：**到达**　　ゲート：**登机口**

表現ワンポイント　　　第5章　交通機関・旅行会社フレーズ

- **办理〜手续**：〜の手続きをする
  「办理入住手续」（ホテルのチェックインの手続きをします）
- **需要**：必要だ
  日本語の「需要」と意味が異なります。必要なものを続けて、「需要＋〜」という語順になります。「需要人。」（人手が必要です）

Qǐng zài D guì tái bàn lǐ dēng jī shǒu xù.
请在D柜台办理登机手续。

Zì dòng jiǎn piào jī zài zhèi biān.
自动检票机在这边。

Nín yào kào guò dào zuò wèi hái shi kào chuāng zuò wèi?
您要靠过道座位还是靠窗座位？

Xíng li chāo zhòng xū yào lìng jiā qián.
行李超重需要另加钱。

Qǐng zài sān diǎn shí wǔ fēn yǐ qián dào dá
请在三点十五分以前到达
sān shí èr hào dēng jī kǒu.
三十二号登机口。

ワードバンク 28
[飛行機]

チェックイン

dēng jī shǒu xù
登机手续
デン　ヂー　シォウ　シュイ

航空券

jī piào
机票
ヂー　ピィアオ

パスポート

hù zhào
护照
ホゥ　ヂャオ

搭乗券

dēng jī pái
登机牌
デン　ヂー　パイ

ビジネスクラス

gōng wù cāng
公务舱
ゴゥン　ウー　ツァン

エコノミークラス

jīng jì cāng
经济舱
ヂィン　ヂー　ツァン

預け入れ荷物

tuō yùn xíng li
托运行李
トゥオ　ユン　シィン　リ

機内持ち込み荷物

shǒu tí xíng li
手提行李
シォウ ティー シィン リ

重量オーバー

chāo zhòng
超重
チャオ ヂォン

追加料金

fá kuǎn
罚款
ファー クゥアン

欠航

tíng bān
停班
ティン バン

マイレージ

lǐ chéng
里程
リー チェン

出発ゲート

dēng jī kǒu
登机口
デン ヂー コウ

飛行時間

fēi xíng shí jiān
飞行时间
フェイ シィン シー ディエン

第5章 交通機関・旅行会社フレーズ

191

UNIT 53 観光案内窓口

観光案内窓口やインフォメーションカウンターでよく使うフレーズを紹介します。

1 観光案内図とガイドブックは無料です。

ヒント 観光案内図：**导游图**　　ガイドブック：**旅游手册**　　無料である：**免费**

2 これは東京の観光案内図と地下鉄路線図です。

ヒント 地下鉄路線図：**地铁线路图**

3 これらは外国人観光客に人気のある観光スポットです。

ヒント 外国人観光客：**外国游客**　　人気のある→好きである：**喜爱**
観光スポット：**观光景点**

4 浅草寺は外国人観光客にとても人気のある観光スポットです。

5 浅草寺は、日本の伝統工芸品を売っている店がたくさんあり、とても賑やかですよ。

ヒント 売っている：**卖**　　伝統工芸品：**传统工艺品**　　にぎやかな：**热闹**

表現ワンポイント　　第5章　交通機関・旅行会社フレーズ

□ **喜爱：好きである**
「大好きだ」「愛してやまない」という気持ちを表す言葉です。好きな物、場所などはその後に置きます。「喜爱＋～」という形になりますが、人を対象にはできません。

Dǎo yóu tú hé lǚ yóu shǒu cè miǎn fèi.
导游图和旅游手册免费。
ダオ イヨウ トゥー ハー リュイ イヨウ ショウ ツァー ミィエン フェイ

Zhèi shì dōng jīng dǎo yóu tú hé dì tiě xiàn lù tú.
这是东京导游图和地铁线路图。
チェイ シー ドゥン ヂィン ダオ イヨウ トゥー ハー ディー ティエ シィエン ルー トゥー

Zhèi xiē shì wài guó yóu kè xǐ ài de guān guāng jǐng diǎn.
这些是外国游客喜爱的观光景点。
チェイ シィエ シー ワイ グゥオ イヨウ カー シー アイ ダ グゥアングゥアンヂィン ディエン

Qiǎn cǎo sì shì wài guó yóu kè xǐ ài de guān guāng jǐng diǎn.
浅草寺是外国游客喜爱的观光景点。
チィエンツァオ スー シー ワイ グゥオ イヨウ カー シー アイ ダ グゥアングゥアンヂィン ディエン

Qiǎn cǎo sì li yǒu hěn duō mài chuán tǒng gōng yì pǐn de
浅草寺里有很多卖传统工艺品的
チィエンツァオ スー リ イヨウ ヘン ドゥオ マイ チュアントゥン ゴゥン イー ピィン ダ
shāng diàn, hěn rè nao.
商店，很热闹。
シァン ディエン ヘン ラー ナオ

UNIT 54 ツアー①基本

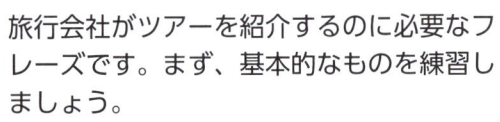

旅行会社がツアーを紹介するのに必要なフレーズです。まず、基本的なものを練習しましょう。

1 私どもはさまざまなツアーを用意しております。

ヒント さまざまな：**丰富的**　　ツアー：**线路**
用意している→選んでいただく：**供您选择**

2 どのようなツアーをお好みですか。

ヒント お好みである：**要**　　どのような：**什么样的**

3 このツアーは伝統的な茶道が体験できます。

ヒント 体験する：**体验**　　伝統的な茶道：**传统茶道**

4 今の京都は紅葉が見頃です。

ヒント 今の：**现在的**　　鑑賞する：**观赏**　　見頃（の季節）：**最佳季节**

5 このツアーは相撲の稽古が見学できる親子の旅です。

ヒント 見学する：**参观**　　相撲の稽古：**相扑训练**　　親子の旅：**亲子游**

表現ワンポイント　　第5章　交通機関・旅行会社フレーズ

- □ **丰富的**：さまざまな、豊富な
  「丰富的+〜」という語順になります。「丰富的人才」（豊富な人材）、「丰富的经验」（豊富な経験）、「丰富的资源」（豊富な資源）
- □ **供**：(人に) 〜をしていただく、〜してください
  「供+人+事柄」の形で使います。「供您品尝」（ご賞味してください）、「供您欣赏」（ご鑑賞ください）。

Wǒ men yǒu fēng fù de xiàn lù gōng nín xuǎn zé.

我们有丰富的线路供您选择。

ウオ　メン　イヨウ　フォン　フゥー　ダ　シィエン　ルー　ゴゥン　ニィン　シュアンヅァー

Nín yào shén me yàng de xiàn lù?

您要什么样的线路？

ニィン　ヤオ　シェン　マ　ヤン　ダ　シィエン　ルー

Zhèi ge xiàn lù kě yǐ tǐ yàn chuán tǒng chá dào.

这个线路可以体验传统茶道。

ヂェイ　ガ　シィエン　ルー　カー　イー　ティー　イエン　チュアントゥン　チャー　ダオ

Xiàn zài de jīng dū shì guān shǎng hóng yè de zuì jiā jì jié.

现在的京都是观赏红叶的最佳季节。

シィエンヅァイ　ダ　ヂィン　ドゥー　シー　グゥアンシァン　ホン　イエ　ダ　ヅゥイヂィア　ヂー　ヂィエ

Zhèi shì cān guān xiāng pū xùn liàn de qīn zǐ yóu.

这是参观相扑训练的亲子游。

ヂェイ　シー　ツァン　グゥアン　シィアン　プゥー　シュン　リィエン　ダ　チィン　ヅー　イヨウ

UNIT 55 ツアー②東京・富士

東京と富士山で、ツアーのフレーズを練習しましょう。少し長いですが、よく使うキーワードが組み込まれています。

1 東京1日ツアーは一番の人気です。
ヒント 一日ツアー：**一日游**　一番の人気である：**最受欢迎**

2 東京1日ツアーは皇居、浅草寺、仲見世商店街などを回ります。
ヒント 回る：**游览**　商店街：**购物街**

3 東京夜景ツアーは展望台から東京の夜景が360度一望できます。
ヒント 夜景ツアー：**夜景线路**　360度：**360度视角**
展望台：**观景台**　一望する：**一览**

4 東京日帰り豪華グルメツアーは最高の日本料理を堪能できます。
ヒント 豪華グルメ：**豪华美食**　堪能する：**品尝**
最高の：**最豪华的**　日本料理：**日餐**

5 富士山五合目と旬のフルーツ食べ放題のツアーはファミリーにぴったりです。
ヒント 旬のフルーツ食べ放題：**当季水果采摘**　ぴったりである：**适合**

表現ワンポイント　　第5章　交通機関・旅行会社フレーズ

☐ **最受欢迎：一番人気のある**

「最も歓迎されている」→「一番人気の」という意味です。中国人観光客に商品を勧めるとき、これに勝る言葉はありません。「这个最受欢迎。」（これは一番人気があります）——このひと言が購入の決め手になるので使えるようにしておきましょう。

Dōng jīng yí rì yóu zuì shòu huān yíng.
东京一日游最受欢迎。

Dōng jīng yí rì yóu dài nín yóu lǎn huáng jū,
东京一日游带您游览皇居，
qiǎn cǎo sì, zhòng jiàn shì gòu wù jiē děng.
浅草寺，仲见世购物街等。

Dōng jīng yè jǐng xiàn lù kě yǐ zài sān bǎi liù shí dù shì jiǎo
东京夜景线路可以在360度视角
de guān jǐng tái shang yì lǎn dōng jīng quán jǐng.
的观景台上一览东京全景。

Dōng jīng háo huá měi shí yí rì yóu kě yǐ
东京豪华美食一日游可以
pǐn cháng zuì háo huá de rì cān.
品尝最豪华的日餐。

Fù shì shān wǔ hé mù yǔ dāng jì shuǐ guǒ cǎi zhāi de
富士山五合目与当季水果采摘的
xiàn lù fēi cháng shì hé jiā zú lǚ yóu.
线路非常适合家族旅游。

UNIT 56 ツアー③温泉

箱根の温泉ツアーを紹介するフレーズです。フレーズは言葉を置き換えれば、日本のどこのツアーでも使えます。

1 箱根の露天風呂巡りツアーはいかがですか。

ヒント 露天風呂：**露天温泉**　　いかが？：**怎么样**

2 箱根には特徴のある露天風呂がたくさんあります。

ヒント 特徴のある：**各式各样的**　　温泉（施設）：**温泉设施**

3 地元で採れた新鮮な海の幸と山の幸を使った夕食は最高です。

ヒント 夕食：**晚餐**　　海の幸：**海鲜**　　山の幸：**蔬菜和肉类**
最高だ→最高においしい：**精美可口**

4 新宿からロマンスカーで出発します。往復運賃を含めて、大人3万5000円、子供3万2000円です。

ヒント ロマンスカー：**浪漫特快**　　出発する：**出发**　　含む：**包括**
往復運賃：**往返车票**　　子供：**儿童**

5 ありがとうございます、さっそく手配させていただきます。

ヒント さっそく：**马上**　　手配する：**安排**

表現ワンポイント

第5章 交通機関・旅行会社フレーズ

□ 从：〜から
物事が始まる時間や場所を導きます。「从＋時間・場所」という形になります。反対語は UNIT 44 で紹介した「到」で、それぞれ単独で使えますし、一緒にも使えます。「从明天开始。」（明日から始まります）、「早餐从六点到九点。」（朝食は6時から9時までです）

Xiāng gēn lù tiān wēn quán xún de xiàn lù zěn me yàng?

▶ **箱根露天温泉巡的线路怎么样？**

シィアン ゲン ルー ティエンウエン チュアンシュン ダ シィエン ルー ヅェン マ ヤン

Xiāng gēn yǒu gè shì gè yàng de lù tiān wēn quán shè shī.

▶ **箱根有各式各样的露天温泉设施。**

シィアンゲン イヨウ ガー シー ガー ヤン ダ ルー ティエンウエン チュアンシャー シー

Wǎn cān yòng de cái liào dōu shì dāng dì de xīn xiān
晚餐用的材料都是当地的新鲜
ウアン ツァン イヨン ダ ツァイ リィアオ ドウ シー ダン ディー ダ シィン シィエン

hǎi xiān, shū cài hé ròu lèi, jīng měi kě kǒu.
海鲜，蔬菜和肉类，精美可口。
ハイ シィエン シューツァイ ハー ロウ レイ ヂィン メイ カー コウ

Cóng xīn sù zuò làng màn tè kuài chū fā, bāo kuò wǎng fǎn chē piào,
▶ **从新宿坐浪漫特快出发,包括往返车票,**
ツォン シィン スゥー ヅゥオ ラン マン ターク ゥアイチゥー ファー パオ クゥオ ウアン ファン チャー ピィアオ

chéng rén sān wàn wǔ qiān, ér tóng sān wàn liǎng qiān rì yuán.
成人35000,儿童32000日元。
チェン レン サン ウアン ウー チィエン アル トゥン サン ウアンリィアンチィエン リー ユアン

Xiè xie nín, wǒ men mǎ shàng wèi nín ān pái.

▶ **谢谢您,我们马上为您安排。**

シィエ シィエ ニィン ウオ メン マー シァン ウエイ ニィン アン パイ

199

ワードバンク 29
[観光]

1日ツアー
yí rì yóu
一日游
イー リー イヨウ

市内観光
shì nèi guān guāng
市内观光
シー ネイ グゥアングゥアン

市内地図
shì nèi dì tú
市内地图
シー ネイ ディートゥー

観光ガイド
dǎo yóu
导游
ダオ イヨウ

美術館
měi shù guǎn
美术馆
メイ シュー グゥアン

博物館
bó wù guǎn
博物馆
ボー ウー グゥアン

寺
sì miào
寺庙
スー ミィアオ

神社
shén shè
神社
シェン シァー

遊園地
yóu lè yuán
游乐园
イヨウ ラー ユアン

歌舞伎
gē wǔ jì
歌舞伎
ガー ウー ヂー

相撲
xiāng pū
相扑
シィアン プゥー

レンタカー
chū lìn qì chē
出赁汽车
チゥー リン チー チャー

サイクリング
zì xíng chē lǚ yóu
自行车旅游
ヅー シィン チャー リュイ イヨウ

スキー
huá xuě
滑雪
ホゥア シュエ

ゴルフ
gāo ěr fū qiú
高尔夫球
ガオ アル フゥー チィウ

第5章 交通機関・旅行会社フレーズ

ワードバンク 30
[東日本・主要観光地]

阿寒湖

ā hán hú

阿寒湖

アー ハン ホゥ

富士山

fù shì shān

富士山

フゥー シー シァン

箱根

xiāng gēn

箱根

シィアン ゲン

鎌倉

lián cāng

镰仓

リィエン ツァン

日光

rì guāng

日光

リー グゥアン

軽井沢

qīng jǐng zé

轻井泽

チィン ヂィン ヅァー

銀座

yín zuò

银座

イン ヅゥオ

原宿	六本木
yuán sù	liù běn mù
原宿	**六本木**
ユアン スゥー	リウ ベン ムー

秋葉原	浅草寺
qiū yè yuán	qiǎn cǎo sì
秋叶原	**浅草寺**
チィウ イエ ユアン	チィエン ツァオ スー

皇居	築地
huáng jū	zhù dì
皇居	**筑地**
ホゥアン デュイ	ヂゥー ディー

高尾山	東京スカイツリー
gāo wěi shān	dōng jīng qíng kōng tǎ
高尾山	**东京晴空塔**
ガオ ウエイ シァン	ドゥン ヂィン チィン クゥン ター

ワードバンク 31
[西日本・主要観光地]

CD-2 31

伏見稲荷大社

fù jiàn dào hé dà shè

付见稻荷大社

フゥー ディエンダオ ハー ダー シァー

金閣寺

jīn gé sì

金阁寺

ヂン ガー スー

清水寺

qīng shuǐ sì

清水寺

チィン シゥイ スー

嵐山

lán shān

岚山

ラン シァン

祇園

qí yuán

祇园

チー ユアン

東大寺

dōng dà sì

东大寺

ドゥン ダー スー

通天閣・新世界

tōng tiān gé　xīn shì jiè

通天阁・新世界

トゥン ティエンガー　シィン シー ディエ

204

道頓堀

dào dùn kū
道顿堀
ダオ ドゥン クゥー

大阪城

dà bǎn chéng
大阪城
ダー バン チェン

ユニバーサル・スタジオ

rì běn huán qiú yǐng chéng
日本环球影城
リー ベン ホゥアン チィウ イン チェン

原爆ドーム

yuán zǐ dàn bào zhà yuán dǐng
原子弹爆炸圆顶
ユアン ズー ダン バオ ヂァー ユアンディン

厳島神社

yán dǎo shén shè
严岛神社
イエン ダオ シェンシァー

阿蘇山

ā sū shān
阿苏山
アー スゥー シァン

湯布院

tāng bù yuàn
汤布院
タン ブー ユアン

首里城

shǒu lǐ chéng
首里城
ショウ リー チェン

ワードバンク 32
[日本の主要都市]

CD-2 32

札幌

zhá huǎng

札幌

チャー ホゥアン

仙台

xiān tái

仙台

シィエン タイ

新潟

xīn xì

新潟

シィン シー

東京

dōng jīng

东京

ドゥン ディン

横浜

héng bīn

横滨

ヘン ビン

名古屋

míng gǔ wū

名古屋

ミィン グー ウー

京都

jīng dū

京都

ディン ドゥー

奈良	大阪
nài liáng	dà bǎn
奈良	大阪
ナイ リィアン	ダー バン

神戸	広島
shén hù	guǎng dǎo
神户	广岛
シェン フゥー	グゥアン ダオ

松山	福岡
sōng shān	fú gāng
松山	福冈
ソン シァン	フゥー ガン

鹿児島	那覇
lù ěr dǎo	nà bà
鹿儿岛	那霸
ルー アル ダオ	ナー バー

Column 5 トイレの使用についてのアドバイス

中国では、トイレの使用後にトイレットペーパーを備え付けの容器に捨てることがまだ多いです。また、水を流すレバーやボタンの操作法も日本と少し違います。衛生を保ちつつ、お互いに気持ちよく利用するために、使い方を教えてあげることはとても大切です。

● 使用後は水を流してください。

Yòng hòu qǐng chōng shuǐ.

用后请冲水。

イヨン ホウ チィン チゥン シゥイ

● 使った紙はトイレに流してください。

Yòng guo de shǒu zhǐ qǐng chōng diào.

用过的手纸请冲掉。

イヨン グゥオ ダ シォウ ヂー チィン チゥン ディアオ

●（ボタン式）長く押してください。

Qǐng cháng shí jiān àn xià.

请长时间按下。

チィン チャン シー ヂィエンアン シィア

●（レバー式）長く引いてください。

Qǐng cháng shí jiān lā zhù.

请长时间拉住。

チィン チャン シー ヂィエン ラー ヂゥー

● 生理用品を捨てる箱です。

Wèi shēng jīn zhuān yòng xiāng.

卫生巾专用箱。

ウエイ ション ヂン ヂゥアンイヨン シィアン

第6章

緊急・トラブルフレーズ

病気やトラブルに陥って困っている
観光客に声をかけたり、
助けてあげたりするのに必須の
基本フレーズです。

UNIT 57 CD1-57
▼
UNIT 60 CD1-60

ワードバンク33 CD2-33
▼
ワードバンク34 CD2-34

UNIT 57 具合を聞く

旅行者に体の具合を聞くフレーズです。相手の返答も理解できるようにしておきましょう。

1 どうなさいましたか。

ヒント どう？：怎么

2 （お客様）ちょっと気分が悪いです。

ヒント ちょっと：有点儿　気分が悪い：不舒服

3 どこが痛むのですか。

ヒント どこ：哪儿　痛む：疼

4 （お客様）ひどい腹痛で動けません。

ヒント 腹：肚子　痛い：疼　動けない：动不了了

5 （お客様）足が痛くて歩けません。

ヒント 足：脚　歩けない：走不了了

表現ワンポイント　　第6章　緊急・トラブルフレーズ

- **不舒服**：具合が悪い、気分がよくない
  身体と精神のどちらの不具合にも使えます。
- **〜不了了**：〜できなくなる
  ある動作が従来通りには「できなくなる」状態を指します。「動詞＋不了了」という語順で使います。「去不了了」（行けなくなりました）

Zěn me le?

怎么了？

ヅェン　マ　ラ

Wǒ yǒu diǎnr bù shū fu.

我有点儿**不舒服**。

ウオ　イヨウ　ディアル　ブー　シゥー　フゥ

Nǎr téng?

哪儿疼？

ナール　テン

Wǒ dù zi téng, dòng bu liǎo le.

我肚子疼，动**不了了**。

ウオ　ドゥー　ヅ　テン　ドゥン　ブ　リィアオ　ラ

Wǒ jiǎo téng, zǒu bu liǎo le.

我脚疼，走**不了了**。

ウオ　ディアオ　テン　ヅォウ　ブ　リィアオ　ラ

UNIT 58 救護する

体調を崩した旅行者を救護するフレーズです。
基本的なものを覚えておきましょう。

1 医務室にご案内いたします。

ヒント 〜を〜に案内する：**帯〜去〜**　　医務室：**医务室**

2 このソファで少し横になってください。

ヒント ソファ：**沙发**　　横になる：**躺**　　しばらく：**一会儿**

3 すぐに救急車を呼びます。

ヒント 呼ぶ：**叫**　　救急車：**救护车**

4 救急車は５分後に到着します。

ヒント 〜後に：**〜后**　　到着する：**到**

5 お友達の携帯電話番号を教えていただけませんか。

ヒント 友達：**朋友**　　携帯電話の番号：**手机号码**　　教える：**告诉**

表現ワンポイント　　第6章　緊急・トラブルフレーズ

□ 在～上：～の上に～
「在＋場所＋上」の形で使います。「一会儿」は「しばらく」で、合体して「在＋場所＋上＋～＋一会儿」で「～の上でしばらく～をする」という意味になります（→フレーズ2）。「在这儿休息一会儿。」なら「ここでしばらくお休みになってください」。

Wǒ dài nín qù yī wù shì.
我带您去医务室。
ウオ　ダイ　ニィン　チュイ　イー　ウー　シー

Qǐng zài zhèi ge shā fā shang tǎng yí huìr.
请在这个沙发上躺一会儿。
チィン ヅァイ チェイ　ガ　シャー ファー シァン　タン　イー　ホゥアル

Wǒ mǎ shàng jiào jiù hù chē.
我马上叫救护车。
ウオ　マー　シァン ディアオ ディウ　ホゥ　チァー

Jiù hù chē wǔ fēn zhōng hòu jiù dào.
救护车五分钟后就到。
ディウ　ホゥ　チァー　ウー　フェン チォン　ホウ　ディウ　ダオ

Qǐng bǎ nín péng you de shǒu jī hào mǎ gào su wǒ.
请把您朋友的手机号码告诉我。
チィン　バー　ニィン　ペン　イヨウ　ダ　シォウ　ヂー　ハオ　マー　ガオ　スゥ　ウオ

UNIT 59 トラブル

トラブルに遭った旅行者を助けるフレーズです。遺失物カウンターや交番に案内してあげましょう。

CD-1 59

1 何かありましたか。

ヒント ある→発生する：**出**　何(事)：**什么事**

2 バッグがなくなりました。
（お客様）

ヒント バッグ：**皮包**　なくなった：**不见了**

3 遺失物カウンターを確認してみます。

ヒント 遺失物カウンター：**失物招领处**　確認する：**问问**

4 落ち着いて、一緒に探しましょう。

ヒント 落ち着いて→あわてないで：**別着急**
一緒に〜しましょう：**我帮您**　探す：**找找**

5 一緒に交番に行きましょう。

ヒント 一緒に行きましょう：**我陪您去**　交番：**派出所**

表現ワンポイント

第6章　緊急・トラブルフレーズ

□ **帮**：手伝う

手伝う相手はその直後に、手伝う事柄はさらにその後になります。「人＋帮＋相手＋事柄」という語順です。「我帮你拿。」(持ってあげる)。「拿」は「持つ」という意味。中国語の場合には、誰が誰に対して何を手伝ってあげるかを明示する必要があります。

Chū shén me shì le?

出什么事了？

チゥー シェン マ シー ラ

Wǒ de pí bāo bú jiàn le.

我的皮包不见了。

ウオ ダ ピィー バオ ブー ディエン ラ

Wǒ qù shī wù zhāo lǐng chù wèn wen.

我去失物招领处问问。

ウオ チュイ シー ウー ヂャオ リン チゥー ウエン ウエン

Bié zháo jí, wǒ bāng nín zhǎo zhao.

别着急，我**帮**您找找。

ビエ ヂャオ ヂー ウオ バン ニィン ヂャオ ヂャオ

Wǒ péi nín qù pài chū suǒ.

我陪您去派出所。

ウオ ペイ ニィン チュイ パイ チゥー スゥオ

UNIT 60 地震

中国人の多くは地震に慣れていません。地震発生のときに冷静に対応するように促すフレーズです。

1 ただ今、地震がありました。

ヒント ただ今：**刚才**　発生した：**发生了**

2 皆さん、どうぞ落ち着いてください。

ヒント 皆さん：**大家**　落ち着いてください→あわてないでください：**不要慌**

3 皆さん、どうぞ押し合わないでください。

ヒント 〜しないでください：**不要**　押し合う：**拥挤**

4 エレベーターはご使用にならないでください。

ヒント エレベーターを使用する(に乗る)：**坐电梯**

5 窓から離れてください。

ヒント 〜から離れる：**远离**　窓：**窗户**

表現ワンポイント

第6章 緊急・トラブルフレーズ

- □ **大家**：皆さん
  「皆さん」という意味で、複数の人々を指します。日本語の意味と異なるので注意しましょう。「各位」と同様の意味ですが、「各位」のほうがより丁寧です。

- □ **不要**：〜してはいけない
  動作の禁止を表します。「不要使用手机。」（携帯電話の使用禁止）

Gāng cái fā shēng le dì zhèn.

刚才发生了地震。

ガン ツァイ ファー ション ラ ディー ヂェン

Qǐng dà jiā bú yào huāng.

请大家不要慌。

チィン ダー ディア ブー ヤオ ホゥアン

Qǐng dà jiā bú yào yōng jǐ.

请大家不要拥挤。

チィン ダー ディア ブー ヤオ イヨン ヂー

Qǐng bú yào zuò diàn tī.

请不要坐电梯。

チィン ブー ヤオ ヅゥオ ディエン ティー

Qǐng nín yuǎn lí chuāng hu.

请您远离窗户。

チィン ニィン ユアン リー チゥアン ホゥ

217

ワードバンク 33
[病気・トラブル]

CD-2 33

病院	救急車
yī yuàn	jiù hù chē
医院	救护车
イー ユアン	ヂィウ ホゥ チャー

風邪
gǎn mào
感冒
ガン マオ

頭痛
tóu téng
头疼
トウ テン

腹痛
dù zi téng
肚子疼
ドゥー ヅ テン

下痢
lā dù zi
拉肚子
ラー ドゥー ヅ

怪我
shòu shāng
受伤
シォウ シァン

218

貧血	出血
pín xuè **贫血** ピィン シュエ	liú xuè **流血** リウ シュエ

警察	盗難
jǐng chá **警察** ヂィン チァー	bèi dào **被盗** ベイ ダオ

ひったくり	交通事故
qiǎng duó **抢夺** チィアン ドゥオ	chē huò **车祸** チャー ホゥオ

迷子	大使館
mí lù **迷路** ミー ルー	dà shǐ guǎn **大使馆** ダー シー グゥアン

第6章 緊急・トラブルフレーズ

ワードバンク 34
[銀行・お金]

銀行

yín háng

银行

イン ハン

日本円

rì yuán

日元

リー ユアン

人民元

rén mín bì

人民币

レン ミィン ビー

香港ドル

gǎng bì

港币

ガン ビー

台湾ドル

tái bì

台币

タイ ビー

アメリカドル

měi yuán

美元

メイ ユアン

ユーロ

ōu yuán

欧元

オウ ユアン

フレーズ日本語逆引きINDEX

あ ICカードは１千円からで、デポジットが500円必要です。 ……………………… 176
ICカードは自動発券機でチャージできます。 ……………………………………… 176
足が痛くて歩けません。 …………………………………………………………………… 210
ありがとうございます、さっそく手配させていただきます。 ……………………… 198
アレルギーをお持ちですか。 ……………………………………………………………… 110
暗証番号を入力してください。 ……………………………………………………………50

い 遺失物カウンターを確認してみます。 ………………………………………………… 214
イチゴは右奥にあります。 ………………………………………………………………… 104
一番安い部屋は１泊9000円でございます。 ………………………………………… 152
１階の大浴場には露天風呂とサウナがございます。 ………………………………… 166
一緒に交番に行きましょう。 ……………………………………………………………… 214
いつでもご案内させていただきます。 ……………………………………………………32
今の京都は紅葉が見頃です。 …………………………………………………………… 194
医務室にご案内いたします。 ……………………………………………………………… 212
いらっしゃいませ。 …………………………………………………………………… 24, 26

う 梅酒は日本の特産品です。 ……………………………………………………………… 104

え 枝豆と鶏の唐揚げは最も人気のあるおつまみです。 ……………………………… 142
エレベーターはご使用にならないでください。 ……………………………………… 216

お お会計はレジでお願いいたします。 …………………………………………………… 130
おかけになってお待ちください。 …………………………………………………………30
（ご注文は）お決まりでしょうか。 ……………………………………………………… 122
お決まりになりましたらお知らせください。 ………………………………………… 122
お客様。(女性に呼びかけるとき) …………………………………………………………28
お客様。(男性に呼びかけるとき) …………………………………………………………28
お客様のお話を理解いたしました。 ………………………………………………………36
お客様はピンクがよくお似合いですよ。 …………………………………………………74
お気をつけてお帰りくださいませ。 ………………………………………………………58
お酒などの飲み物は別料金です。 ……………………………………………………… 170
お酒のご注文を先におうかがいします。 ……………………………………………… 142
お皿が熱いので、お気をつけください。 ……………………………………………… 126
お支払いは銀聯カードとクレジットカードのどちらでも大丈夫です。 ……………48

お支払いは現金ですか、クレジットカードですか。……………………………………48
お好きな席へどうぞ。………………………………………………………………… 120
落ち着いて、一緒に探しましょう。…………………………………………………… 214
男湯と女湯に分かれています。……………………………………………………… 166
お友達の携帯電話番号を教えていただけませんか。……………………………… 212
お名前と住所をご記入ください。…………………………………………………… 148
お名前をうかがってもよろしいですか。…………………………………………… 148
お荷物はここにお入れください。…………………………………………………… 122
お荷物をトランクにお入れしましょう。…………………………………………… 184
お飲み物は何にされますか。サイズは？ ………………………………………… 138
お箱代を200円いただきます。…………………………………………………………46
お部屋は506号室です。……………………………………………………………… 154
お待たせして申し訳ございません。……………………………………………………38
お役に立てず、誠に申し訳ございません。……………………………………………38

か カードをお返しいたします。……………………………………………………………50
価格はお皿の色によって決まります。……………………………………………… 130
価格は70％下がったところです。……………………………………………………44
係の者を呼んできます。…………………………………………………………………30
かしこまりました。………………………………………………………………………28
かしこまりました。すぐにお持ちいたします。………………………………………… 126
観光案内図とガイドブックは無料です。…………………………………………… 192

き 貴重なお時間を取らせてしまって申し訳ございません。……………………………38
着物の布からできているカバンは人気があります。……………………………… 114
救急車は5分後に到着します。……………………………………………………… 212
禁煙室と喫煙室のどちらにされますか。…………………………………………… 150

こ ご案内いたします。………………………………………………………………………32
ここから降りて、右側の地下鉄に乗ってください。……………………………… 174
ここで止めてください。……………………………………………………………… 186
ここにお書きください。…………………………………………………………………36
ここにサインをお願いいたします。……………………………………………………50
ございます。こちらです。………………………………………………………………96
ご試食なさってみてください。……………………………………………………… 104
ご試着なさってみてください。…………………………………………………………78
ご注文は以上でしょうか。…………………………………………………………… 126
こちらが本日のスペシャルメニューです。………………………………………… 124

INDEX

こちらがメニューです。	122
こちらが領収書です。	50
こちらがレシートです。ご乗車ありがとうございました。	186
こちらのお席でよろしいでしょうか。	120
こちらのセットはいかがですか。	138
こちらの番号札を持ってお席の方でお待ちください。	138
こちらへどうぞ。	32
この色の口紅はお客様にお似合いだと思います。	96
この温泉は血行を促進します。	168
この温泉は弱アルカリ性です。	168
この温泉は美容効果があります。	168
この温泉はリュウマチに効きます。	168
この口紅は秋限定品です。	96
この化粧品はお肌への刺激がありません。	98
この化粧品は日本の特許を取ったものです。	98
このサイズの炊飯器は非常に実用的です。	86
この炊飯器で作ったご飯はとても美味しいです。	86
この炊飯器はお1人様や夫婦2人用です。	86
この炊飯器は3、4人の家族用です。	86
この操作はとても簡単ですよ。	84
このソファで少し横になってください。	212
このツアーは相撲の稽古が見学できる親子の旅です。	194
このツアーは伝統的な茶道が体験できます。	194
このデジカメにはさまざまな機能があります。	84
このデジカメはビデオ撮影の機能が付いています。	84
このドリンクは血圧を下げる効果があります。	110
このナイトクリームは肌を修復する効果があります。	96
この防水機能はたいへん優れています。	88
この店のお勧めは何ですか。	124
5番の札をお持ちのお客様、お待たせしました。	138
ご飯は無料でおかわりできます。	134
5分ほど歩けば着きます。	178
ご満足いただけましたか。	58
ごゆっくり、どうぞ。	26
ご要望がありましたら、ご遠慮なく。	30
ご予算はいくらですか。	114
ご予約のお客様でしょうか。	148
ご来店ありがとうございました。	58

これとこれをいただきます。……………………………………………………………74
これはイタリア製の生地です。…………………………………………………………80
これは一番の人気です。……………………………………………………………………42
これはウール100％です。………………………………………………………………80
これはお買い得ですよ。……………………………………………………………………42
これはカシミヤ100％です。……………………………………………………………80
これは血糖値を下げる薬です。………………………………………………………… 110
これは今年の流行の色です。……………………………………………………………62
これは今年の流行のスタイルです。……………………………………………………62
これは最新のモデルです。…………………………………………………………………40
これは最安値ですよ。………………………………………………………………………44
これは自動巻きです。………………………………………………………………………88
これはシルクです。手触りがとてもいいですよ。……………………………………80
これはダイエット茶です。……………………………………………………………… 110
これは東京の観光案内図と地下鉄路線図です。…………………………………… 192
これは当店の自慢料理です。………………………………………………………… 124
これはとてもエレガントですよ。………………………………………………………64
これはとてもおしゃれです。……………………………………………………………64
これはとても人気があります。…………………………………………………………40
これはどんな生地ですか。………………………………………………………………80
これは日本のブランドです。……………………………………………………………62
これは入荷したばかりです。……………………………………………………………40
これはフランスのブランドです。………………………………………………………62
これは安いし、軽いし、かさばらないし、お土産としては最適です。………… 114
これはユニセックス（男女兼用）です。………………………………………………88
これはよく売れていますよ。……………………………………………………………42
これは若く見えますよ。……………………………………………………………………64
これは若者にとても人気があります。…………………………………………………62
これらの家電はどれも省エネ仕様です。………………………………………………86
これらは外国人観光客に人気のある観光スポットです。………………………… 192
これらはすべて風邪薬です。………………………………………………………… 110
紺、茶、白の３色があります。…………………………………………………………74
こんにちは。…………………………………………………………………………………24

さ サイズはぴったりですね。…………………………………………………………………64
さようなら。…………………………………………………………………………………24
３時15分までに32番ゲートにおこしください。……………………………… 188
3000円の追加料金で延長できます。……………………………………………… 152

INDEX

し 自動チェックイン機はこちらです。……………………………………… 188
　　品切れになりつつあります。………………………………………………42
　　地元で採れた新鮮な海の幸と山の幸を使った夕食は最高です。……… 198
　　15分かかります。………………………………………………………… 186
　　(行き先の) 住所をお持ちでしょうか。………………………………… 184
　　終点で降りてください。………………………………………………… 178
　　重量オーバーなので追加料金が必要です。…………………………… 188
　　乗車時間は20分です。…………………………………………………… 178
　　少々お待ちください。………………………………………………………30
　　少々お待ちください。確認してまいります。……………………………78
　　商品をホテルまでお届けするサービスもございます。…………………50
　　新幹線の乗車券はここで買えます。…………………………………… 174
　　シングルルームはありますか。………………………………………… 150
　　シングルルームは１泊いくらですか。………………………………… 152
　　シングルルームは１泊税込みで１万5000円でございます。………… 152
　　新宿からロマンスカーで出発します。往復運賃を含めて、
　　大人３万5000円、子供３万2000円です。…………………………… 198
　　新宿に行くには、山手線に乗ってください。………………………… 174
　　深夜の３時まで入浴できます。………………………………………… 166

す すぐに救急車を呼びます。……………………………………………… 212
　　すぐに子供用の椅子をお持ちします。………………………………… 120
　　すぐにテーブルをご用意します。……………………………………… 120
　　すごくカッコいいですよ。…………………………………………………64
　　少しゆっくり話していただけますか。……………………………………36
　　酢漬けのショウガと日本茶は無料です。……………………………… 130
　　すみませんが、お話し中お邪魔いたします。……………………………38

せ 浅草寺に行きたいです。………………………………………………… 184
　　浅草寺に着きました。…………………………………………………… 186
　　浅草寺は外国人観光客にとても人気のある観光スポットです。…… 192
　　浅草寺は、日本の伝統工芸品を売っている店がたくさんあり、
　　とても賑やかですよ。…………………………………………………… 192
　　全部で７万8000円です。……………………………………………………48

そ それでは10％値引きいたします。…………………………………………44
　　それは７番の売り場にあります。……………………………………… 104

225

た	たいへんお待たせしました。	32
	大浴場にはタオルなどの洗面用具が準備されています。	166
	大浴場は1階と3階にあります。	166
	高い保湿効果が期待できます。	98
	ただ今、地震がありました。	216
ち	チェックアウトは朝11時までです。	154
	チェックアウトは何時までですか。	154
	チェックインは午後3時からです。	154
	チェックインは何時からですか。	154
	中国各都市に修理店があります。	84
	中国語でどうぞ。	34
	中国語のサービスを提供させていただいております。	34
	中国語の話せるスタッフがおります。	34
	中国語の話せるスタッフを呼んでまいります。	34
	中国のような乾燥地域に向いています。	98
	中国まで配送できますよ。	46
	朝食のレストランは何階ですか。	160
	朝食のレストランは2階です。	160
	朝食は何時からですか。	160
	朝食はバイキングになっております。	160
	朝食は6時からです。	160
	朝食は和食と洋食から選ぶことができます。	170
	ちょっと気分が悪いです。	210
つ	ツインルームには空きがございます。	150
	通路側の席と窓側の席のどちらがよろしいですか。	188
て	Dカウンターで搭乗手続きをなさってください。	188
	定食にはご飯、お味噌汁とデザートが付きます。	134
	定食のメイン料理を選ぶことができます。	134
	出口を間違えないように、しっかり覚えてください。	174
	電子レンジでお弁当を温めましょうか。	104
	店内でお召し上がりですか、それともお持ち帰りですか。	138
	てんぷら定食はとてもおいしいですよ。	134

INDEX

と どういたしまして。 …………………………………………………………… 28
東京１日ツアーは一番の人気です。 ………………………………………… 196
東京１日ツアーは皇居、浅草寺、仲見世商店街などを回ります。 ………… 196
東京駅から京都駅までの切符は１万3910円です。 ………………………… 176
東京日帰り豪華グルメツアーは最高の日本料理を堪能できます。 ………… 196
東京夜景ツアーは展望台から東京の夜景が360度一望できます。 ………… 196
どうぞ。（物を渡すとき） ……………………………………………………… 28
どうぞ、行き先をここにお書きください。 ………………………………… 184
どうぞお好きなお寿司をお取りください。 ………………………………… 130
どうぞお買い物をお楽しみくださいませ。 ………………………………… 26
当店では、良い商品を安く提供しております。 …………………………… 40
当店のお刺身は新鮮ですよ。 ………………………………………………… 142
当店の商品はすべて本物です。 ……………………………………………… 40
どうなさいましたか。 ………………………………………………………… 210
（当ホテルでは）無料Wi-Fiが使えます。 …………………………………… 162
どうもありがとうございます。 ……………………………………………… 24
どこが痛むのですか。 ………………………………………………………… 210
どこがご不満でしたか。 ……………………………………………………… 56
どこに止めましょうか。 ……………………………………………………… 186
どちらのメーカーをお探しですか。 ………………………………………… 88
どちらへ行かれますか。 ……………………………………………………… 184
特急は別料金が必要になります。 …………………………………………… 176
どのような色がお好みですか。 ……………………………………………… 74
どのような機能をもったものをお求めですか。 …………………………… 88
どのようなツアーをお好みですか。 ………………………………………… 194
どんなタイプのお部屋をご希望ですか。 …………………………………… 150

な 何かありましたか。 …………………………………………………………… 214
何かありましたらお申しつけください。 …………………………………… 32
何かお手伝いできることはありますか。 …………………………………… 30
何か食べ物にアレルギーはお持ちですか。 ………………………………… 124
何になさいますか。 …………………………………………………………… 122
何をお探しですか。 …………………………………………………………… 26
何をお求めですか。 …………………………………………………………… 26
何名様でしょうか。 ……………………………………………………… 120, 148

に 煮魚定食がお勧めです。 ……………………………………………………… 134
日本酒は常温でも、熱かんにしてもいいですが、どうなさいますか。 ……… 142

227

日本の特徴のあるお土産がほしいです。……………………………………… 114
入浴の後は、お肌がすべすべして、柔らかくなりますよ。…………………… 168

は 箱にお入れしましょうか。……………………………………………………46
箱根には特徴のある露天風呂がたくさんあります。…………………………… 198
箱根の露天風呂巡りツアーはいかがですか。…………………………………… 198
バス停はわかりにくいので、ご案内します。…………………………………… 178
バスの路線図はこちらの壁にあります。………………………………………… 178
パスポートを見せていただけますか。…………………………………………… 148
バッグがなくなりました。………………………………………………………… 214

ひ ビール、日本酒と焼酎があります。……………………………………… 142
非常口はあちらです。……………………………………………………………… 162
ひどい腹痛で動けません。………………………………………………………… 210
美白パックはありますか。…………………………………………………………96

ふ 富士山五合目と旬のフルーツ食べ放題のツアーはファミリーにぴったりです。………… 196
富士山とお寿司の形をしたキーホルダーをお勧めします。…………………… 114

へ 別々に包装いたしましょうか。………………………………………………46
返品はできますか。…………………………………………………………………56

ほ 他の色はありますか。…………………………………………………………74
他のサイズはありますか。…………………………………………………………78
保証期間は5年です。………………………………………………………………84
ホテルを出て右に曲がるとコンビニがあります。……………………………… 162
ホテル内の売店は、お土産品が充実しています。……………………………… 162

ま マグロは今が旬です。………………………………………………………… 130
まず千代田線に乗って、表参道で銀座線に乗り換えます。…………………… 174
またのお越しをお待ちしております。……………………………………………58
窓から離れてください。…………………………………………………………… 216

み 皆さま、ありがとうございます。………………………………………………24
皆さん、どうぞ落ち着いてください。…………………………………………… 216
皆さん、どうぞ押し合わないでください。……………………………………… 216

も	もう一度話していただけますか。	36
	申し訳ございません。	38
	申し訳ございません。このサイズのみです。	78
	申し訳ございません。これ以上お安くすることはできません。	44
	申し訳ございませんが、売り切れでございます。	42
	申し訳ございませんが、シングルルームはすべて満室です。	150
	申し訳ございませんが、食品の返品はできません。	56
	もう少し大きい声で話していただけますか。	36
や	野菜はすべて有機栽培のものです。	124
	安くしていただけますか。	44
ゆ	夕食後、布団の準備をいたします。	170
	夕食はお部屋にお持ちいたします。	170
	浴衣とスリッパはお客様のお部屋だけでお願いいたします。	162
	ゆっくりお楽しみください。	126
よ	予約の変更は1回かぎり可能です。	176
	夜の8時まで滞在を延長できます。	152
ら	ラッピングいたしましょうか。	46
	ラベルは中国語で書かれています。	34
り	料理をお持ちしました。	126
れ	レシートなしでは払い戻しはできません。	56
	レシートをお持ちですか。	56
	レジはこちらでございます。	48
	レジまでご案内します。	48
わ	和食は、ご飯、焼き魚、納豆と味噌汁が付いています。	170
	私どもの化粧品はすべて無添加です。	98
	私どもはさまざまなツアーを用意しております。	194
	ワンサイズ上のものがありますか。	78

ワード日本語逆引きINDEX

あ

ICカード	181
アイシャドウ	101
アイスクリーム	106
アイブロウ	101
アイライナー	101
アウター	66
青	77
赤	76
赤ワイン	145
阿寒湖	202
秋葉原	203
麻	83
預け入れ荷物	190
阿蘇山	205
熱い	129
あっさりした	128
アップル	95
穴子	133
甘い	128
アメリカドル	220
嵐山	204
アルマーニ	70
あわび	133
暗証番号	53

い

いか	132
行き先	181
いくら	133
痛み止め	113
一眼レフ	92
イチゴ	108
１日乗車券	183
１日ツアー	200
胃腸薬	113
一括払い	53
厳島神社	205
イッセイ ミヤケ	71
いなり寿司	133
イヤリング	69
インターネット	165

う

ウイスキー	144
ウール	83
ウェットティッシュ	107
薄い	77
うちわ	116
腕時計	93
うどん	136
鰻丼	136
うに	133

INDEX

梅酒	144

え

エアコン	90
駅	183
液晶テレビ	90
エコノミークラス	190
エスティローダー	103
エステティックサロン	164
絵はがき	117
えび	133
エラーメッセージ	53
エルメス	70

お

おいしい（食べ物）	129
おいしい（飲み物）	129
大きい	82
大阪	207
大阪城	205
オーシャンビュー	158
大トロ	132
お菓子	116
置き時計	93
お好み焼き	137
おつり	52
おでん	137
おにぎり	106
オメガ	73
お持ち帰り	141
折りたたみ傘	107
オリンパス	95
オレンジ	108
温水洗浄便座	91
温泉（スパ）	164

か

カーディガン	66
カードキー	157
カードで支払う	53
懐石料理	136
カイロ	107
花王	103
化学繊維	83
柿	109
各駅停車	182
カクテル	145
鹿児島	207
カシオ	73
加湿器	91
カシミヤ	83
風邪	218
風邪薬	113
かっぱ	107
カップ麺	106
カネボウ	103
歌舞伎	201
鎌倉	202
辛い	128
軽井沢	202

231

カルティエ	73
カルバン・クライン	71
カレーライス	137
為替レート	52
観光ガイド	200

き

黄色	76
キウイ	109
祇園	204
きつい	82
喫煙	158
切符	181
切符売り場	180
機内持ち込み荷物	191
キヤノン	94
牛革	83
救急車	218
急行	182
京都	206
清水寺	204
金	77
禁煙	158
金閣寺	204
銀行	220
銀座	202
銀聯カード	53

く

空気清浄機	91

空室	158
クーポン	55
口紅	101
靴下	68
グッチ	70
グリーン車	182
クリニーク	103
グレイ	77
クレジットカード	52, 159
クレンジング	100
黒	76
クローク	159

け

警察	219
ゲーム機	92
怪我	218
毛皮	83
化粧水	100
ケチャップ	141
欠航	191
下痢	218
現金	52
原爆ドーム	205

こ

濃い	77
交換レンズ	93
皇居	203
航空券	190

INDEX

香水 ･････････････････････････ 102
交通事故 ･･････････････････ 219
神戸 ･････････････････････････ 207
コーセー ･････････････････ 103
コーチ ･･････････････････････72
コート ･･････････････････････66
コーヒー ･････････････････ 141
コーラ ･････････････････････ 141
こってりした ･････････････ 128
ご当地キャラ ････････････ 117
ゴルフ ･････････････････････ 201
コンシェルジュ ･････････ 158
コンタクトレンズ ･･･････ 113

さ

サービス窓口 ･･･････････････54
サーモン ･････････････････ 133
サイクリング ････････････ 201
サイン ･･･････････････････････53
サクランボ ･･････････････ 109
刺身 ･･･････････････････････ 136
雑誌 ･･･････････････････････ 117
札幌 ･･･････････････････････ 206
サムスン ･････････････････････95
サラダ ･････････････････････ 141
サワー ･････････････････････ 145
3回払い ･･････････････････････53
サングラス ･･････････････････68
サンダル ･････････････････････69
サンドイッチ ････････････ 106

し

シェイク ･････････････････ 141
シェーバー ･･････････････････91
シェービングクリーム ･･･ 112
塩辛い ･････････････････････ 128
地酒 ･･･････････････････････ 116
資生堂 ･････････････････････ 103
下着 ･･････････････････････････68
下地クリーム ････････････ 100
シチズン ･････････････････････73
指定席 ･････････････････････ 182
自動販売機 ･･････････････ 165
市内観光 ･････････････････ 200
市内地図 ･････････････････ 200
支払い ･･･････････････････････52
シャープ ･････････････････････94
ジャケット ･･････････････････66
シャツ ･･･････････････････････67
シャネル ･････････････････････70
しゃぶしゃぶ ････････････ 137
シャンプー ･･････････････ 112
住所 ･･･････････････････････････55
自由席 ･････････････････････ 182
充電器 ･････････････････････ 107
周遊券 ･････････････････････ 183
重量オーバー ････････････ 191
宿泊税 ･････････････････････ 159
出血 ･･･････････････････････ 219
出発ゲート ･･････････････ 191
出発時刻 ･････････････････ 181

首里城	205	ズボン／パンツ	67
紹興酒	144	スマートウォッチ	93
焼酎	144	スマホ	92
消費税	159	相撲	201
商品券	54		
ショートパンツ	67	**せ**	
除光液	102	セイコー	73
ショップ／売店	165	精算機	183
シルク	83	生理用品	113
白	76	セーター	66
白ワイン	145	セーフティーボックス	159
新幹線	180	石けん	113
シングル	157	セリーヌ	71
神社	201	洗顔料	101
人民元	220	扇子	116
		浅草寺	203
す		仙台	206
スイート	157	洗濯機	90
スイカ	109		
スイス製	93	**そ**	
炊飯器	91	象印	95
スウォッチ	73	送料	55
スーツ	66	ソニー	94
スカート	67	そば	136
スキー	201		
すき焼き	137	**た**	
頭痛	218	たい	132
すっぱい	128	タイガー	95
スニーカー	69	滞在延長	156
すばらしい	129	大使館	219

INDEX

台湾ドル	220
タオル	117
高尾山	203
タグ・ホイヤー	73
たこ	132
たこ焼き	137
タバコ	116
ダブル	157
タブレット	92
卵	133

ち

チーク	101
小さい	82
チーズバーガー	140
チェックアウト	156
チェックアウト時間	156
チェックイン	156, 190
地下鉄	180
チキンナゲット	140
チップ不要	159
茶色	76
長距離バス	180
ちょうどいい	82
チョコレート	106
ちらし	132

つ

追加料金	191
ツイン	157

通天閣・新世界	204
通路側の席	183
築地	203
月見バーガー	140
爪切り	113
冷たい	129

て

Tシャツ	67
DVDプレーヤー	90
ティールーム	164
ディオール	71
ティッシュ	107
ティファニー	72
デジカメ	92
手袋	68
寺	200
テレビ	90
電気掃除機	90
電子辞書	93
電車	180
電子レンジ	91
店内で食べる	141
天ぷら	136
電話番号	55

と

陶器	116
東京	206
東京スカイツリー	203

当日券	181	日本円	220
東芝	94	日本酒	144
搭乗券	190	日本茶	116
東大寺	204	荷物	157
到着時刻	181	乳液	100
道頓堀	205	入浴剤	117
盗難	219	人形	117
特急	182		
ドライヤー	91	**ね**	
トリートメント	112	ネイビー	77
ドレス	66	ネックレス	69
トロ	132	ネット予約	181
とんかつ	137		

な

の

		ノートパソコン	92
長い	82	乗り換え	183
眺めがいい	158		
名古屋	206	**は**	
ナシ	108	バーバリー	71
那覇	207	配送サービス	55
名前	156	パイナップル	109
生ビール	145	ハイヒール	69
奈良	207	博物館	200
		箱代	54
に		箱根	202
新潟	206	バス	180
苦い	128	バス停	183
にぎり	132	パスポート	156, 190
ニコン	95	パソコン	92
日光	202	パック	102

236

パナソニック	94		**ふ**	
バナナ	109		ファンデーション	100
歯ブラシ	112		フィットネスジム	164
歯磨き	112		ブーツ	69
原宿	203		プール	165
ハリー・ウィンストン	72		フェースパウダー	102
ハンドクリーム	112		フェラガモ	72
ハンバーガー	140		フェンディ	71
			福岡	207
ひ			腹痛	218
ピアジェ	72		富士山	202
ビール	145		富士通	94
控え	55		富士フイルム	95
美顔器	91		伏見稲荷大社	204
飛行時間	191		ブドウ	108
ビジネスクラス	190		フライドチキン	140
美術館	200		フライドポテト	140
日立	94		ブラウス	67
ビタミン剤	113		ブラジャー	68
ひったくり	219		プラダ	70
ビデオカメラ	93		ブルガリ	72
日焼け止めクリーム	102		ブレスレット	69
ビューラー	102		フロント	156
病院	218		分割払い	53
美容液	100		文房具	117
広島	207			
ピンク	76		**へ**	
貧血	219		ベージュ	76
			ヘッドホン	93
			変更	181

237

弁当 …………………………… 106

ほ

ポイントカード ……………………55
帽子 ………………………………68
ポーター ……………………… 159
ホーム ………………………… 183
ポール・スミス ……………………71
保湿クリーム ………………… 100
保証書 ……………………………54
ホットドッグ …………………… 140
ポテトチップス ………………… 106
香港ドル ……………………… 220

ま

まあまあ ……………………… 129
迷子 …………………………… 219
マイレージ …………………… 191
前売り券 ……………………… 180
まずい(食べ物) ……………… 129
まずい(飲み物) ……………… 129
マスカラ ……………………… 101
マスク ………………………… 107
マスタード …………………… 141
松山 …………………………… 207
窓側の席 ……………………… 182
マニキュア …………………… 102
マフラー …………………………68
漫画 …………………………… 117
マンゴー ……………………… 109

満室 …………………………… 158

み

ミカン ………………………… 108
短い ………………………………82
水割り ………………………… 144
味噌汁 ………………………… 137
緑 …………………………………77
ミニスカート ………………………67
ミニバー ……………………… 164
ミネラルウォーター …………… 145

む

紫 …………………………………77

め

メロン ………………………… 109
綿 …………………………………83
免税手続き ………………………52
メンバーズカード …………………55

も

モーニングコール ……………… 165
桃 ……………………………… 108

ゆ

遊園地 ………………………… 201
ユーロ ………………………… 220
ユニクロ …………………………71
ユニバーサル・スタジオ ……… 205

指輪 ･････････････････････････69
湯布院 ･･･････････････････ 205
ゆるい ･･･････････････････････82

よ

浴槽付き ････････････････ 157
横浜 ･････････････････････ 206
予約 ･････････････････････ 157

ら

ラーメン ････････････････ 136
ライカ ･･････････････････････95
ライター ････････････････ 107
ラッピング ･････････････････54
ラルフ・ローレン ････････････70
ランコム ････････････････ 103
ランドリーサービス ･････････ 165

り

リップクリーム ･････････････ 101
両替 ･････････････････････ 159
領収書 ･････････････････････54
領収書の宛名 ･･････････････54
リンゴ ･･････････････････ 108
リンス ･･････････････････ 112

る

ルームサービス ･････････ 165
ルイ・ヴィトン ･･････････････70

れ

冷蔵庫 ･･････････････････････90
レジ ･････････････････････････52
レストラン ･･･････････････ 164
レンタカー ･･･････････････ 201

ろ

ロエベ ･･････････････････････72
ロゼワイン ･･･････････････ 145
ロック ･･････････････････ 144
六本木 ･･････････････････ 203
ロビー ･･････････････････ 164
ロレアル ････････････････ 103
ロレックス ･･･････････････････73

わ

ワンピース ･･････････････････67

● 著者紹介
王　丹　Wang Dan

北京生まれ。1984年、北京第二外国語学院日本語科卒業。1992年、大分大学大学院経済学科修士課程修了。1995年よりNHK報道局「チャイナ・ナウ」番組の直属通訳、NHKスペシャル、衛星ハイビジョン特集番組、「アジア・ナウ」番組の通訳を経て、2001年4月より日本大学理工学部非常勤講師、国士舘大学非常勤講師。主な著書：『新ゼロからスタート　中国語　文法編』、『ゼロからスタート　中国語　文法応用編』、『単語でカンタン！　旅行中国語会話』、『ゼロからスタート　中国語単語 BASIC 1400』、『すぐに使える　中国語会話超ミニフレーズ300』（Jリサーチ出版）、『始めて学ぶ中国語』（神保出版）など。

カバーデザイン	滝デザイン事務所
本文デザイン／DTP	株式会社ポイントライン
編集協力	Paper Dragon LLC
イラスト	藤井アキヒト
CD録音・編集	一般財団法人　英語教育協議会（ELEC）
CD制作	高速録音株式会社

すぐに使える 接客中国語会話大特訓

平成28年（2016年）8月10日　初版第1刷発行
平成31年（2019年）2月10日　　第2刷発行
著　者　王　丹
発行人　福田富与
発行所　有限会社　Jリサーチ出版
　　　　〒166-0002　東京都杉並区高円寺北2-29-14-705
　　　　電　話　03(6808)8801(代)　FAX 03(5364)5310
　　　　編集部　03(6808)8806
　　　　http://www.jresearch.co.jp
印刷所　中央精版印刷株式会社

ISBN978-4-86392-304-1　禁無断転載。なお、乱丁・落丁はお取り替えいたします。
©2016 Wang Dan, All rights reserved.

📥 音声ダウンロードのしかた

本書の音声は、付属のCDのほかに、インターネット経由でダウンロードいただくことも可能です。

STEP1 音声ダウンロード用サイトにアクセス！

※ http://febe.jp/jresearch を入力するか、Jリサーチ出版のホームページからリンクにアクセス！

STEP2 表示されたページから、FeBe への登録ページに進む！

※音声のダウンロードには、オーディオブック配信サービス FeBe への会員登録（無料）が必要です。

STEP3 登録後、音声ダウンロード用サイト (http://febe.jp/jresearch) に再アクセスし、シリアルコード「23041」を入力！

※入力したら、「送信」をクリック！

STEP4 音声ファイルのページが表示されたら、必要なファイルの「音声を本棚に追加する」のボタンをクリック!

※スマートフォンの場合は、アプリ「FeBe」の案内が出ますので、アプリからご利用ください。
※PCの場合は、「本棚」から音声ファイルをダウンロードしてご利用ください。

〈ご注意！〉

- ダウンロードには、オーディオブック配信サービス FeBe への会員登録（無料）が必要です。
- PC からでも、iPhone や Android のスマートフォンからでも音声を再生いただけます。
- 音声は何度でもダウンロード・再生いただくことができます。
- ダウンロードについてのお問い合わせ：info@febe.jp
  　　　　　　　　　　　　　　　（受付時間：平日の10時〜20時）